AF281427

COM_A_3001_01. Preparación de los equipos

Mª Teresa Porto Benítez

ic editorial

COM_A_3001_01. Preparación de los equipos
© Mª Teresa Porto Benítez

1ª Edición

© IC Editorial, 2026

Editado por: IC Editorial
c/ Cueva de Viera, 2, Local 3
Centro Negocios CADI
29200 Antequera (Málaga)
Teléfono: 952 70 60 04
Fax: 952 84 55 03
Correo electrónico: iceditorial@iceditorial.com
Internet: www.iceditorial.com

ISBN: 979-13-7027-178-7
Depósito Legal: MA 493-2026

Impresión: PODiPrint
Impreso en Andalucía – España

Nota de la editorial: IC Editorial pertenece a Innovación y Cualificación S. L.

Presentación del manual

El **Certificado Profesional,** anteriormente llamado Certificado de Profesionalidad, constituye el Grado C en el Sistema de Formación Profesional, asociado a un perfil profesional. Acredita la capacitación para el desarrollo de una actividad profesional concreta a través de las competencias adquiridas. Tiene carácter parcial y acumulable cuando existan Ciclos Formativos (Grado D) en los que sus módulos profesionales se encuentren contenidos en su totalidad o en parte.

El elemento mínimo acreditable es el **Estándar de Competencia.** La suma de las acreditaciones de los Estándares de Competencia conforma la acreditación del **Módulo Profesional** (Grado B).

Un Estándar de Competencia se define como una agrupación de tareas productivas que realiza el profesional. Los diferentes Estándares de Competencia de un Certificado Profesional conforman la **Competencia General.** Definiendo el conjunto de conocimientos y capacidades que permiten el ejercicio de una actividad profesional determinada.

Cada Estándar o Estándares de Competencia lleva asociado un Módulo Profesional, donde se describe la formación necesaria para adquirir ese Estándar de Competencia, pudiendo dividirse en **Bloques Formativos** (Grado A).

El presente manual desarrolla el Bloque Formativo **COM_A_3001_01. Preparación de los equipos**

Perteneciente al Módulo Profesional **COM_B_3001. Tratamiento informático de datos,**

Asociado al Estándar/Estándares de Competencia:

⇨ **UC0973_1:** Introducir datos y textos en terminales informáticos en condiciones de seguridad, calidad y eficiencia.

del Certificado Profesional **COM_C_001_3B. Actividades auxiliares de almacenaje.**

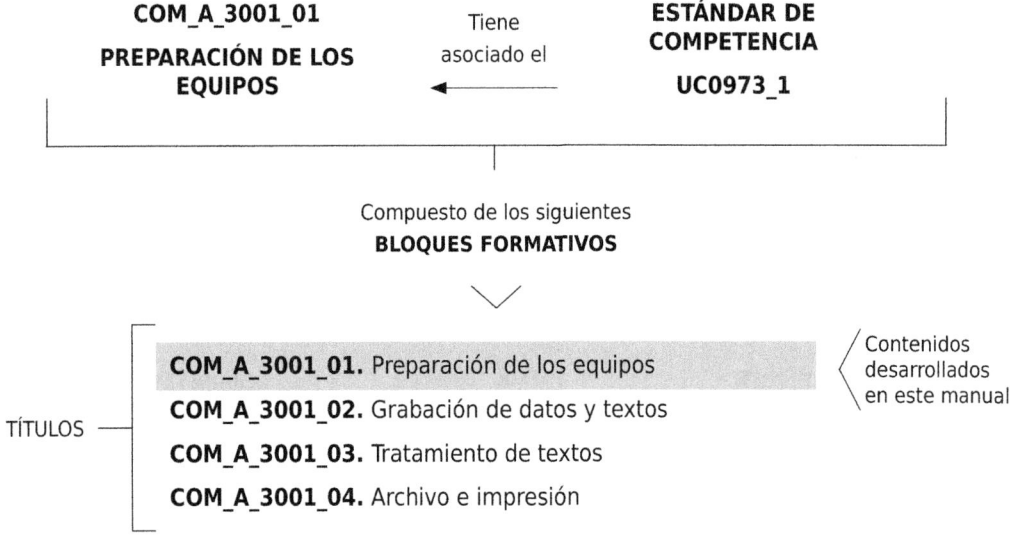

FICHA DE CERTIFICADO PROFESIONAL
COM_C_001_3B. ACTIVIDADES AUXILIARES DE ALMACENAJE (Real Decreto 212/2025, de 18 de marzo)

COMPETENCIA GENERAL: Realizar operaciones auxiliares de almacenaje de productos y mercancías, así como las operaciones de tratamiento de datos relacionadas, siguiendo protocolos establecidos, criterios comerciales y de imagen, operando con la calidad indicada, observando las normas de prevención de riesgos laborales y protección medioambiental correspondientes.

Estándares de Competencias Profesionales		Ocupaciones o puestos de trabajo relacionados
UC1325_1	Realizar las operaciones auxiliares de recepción, colocación, mantenimiento y expedición de cargas en el almacén de forma integrada en el equipo.	• Empleados/as de reposición. • Operarios/as de pedidos. • Carretilleros/as de recepción y expedición. • Contadores/as de recepción y expedición. • Operarios/as de logística. • Auxiliares de información.
UC0432_1	Manipular cargas con carretillas elevadoras.	
UC0973_1	Introducir datos y textos en terminales informáticos en condiciones de seguridad, calidad y eficiencia.	
UC0974_1	Realizar operaciones básicas de tratamiento de datos y textos, y confección de documentación.	

Correspondiencia con el Catálogo Modular de Formación Profesional		
Módulos profesionales	**Bloques formativos**	**Horas**
COM_B_3001. Tratamiento informático de datos (285 h)	COM_A_3001_01. Preparación de los equipos	50
	COM_A_3001_02. Grabación de datos y textos	90
	COM_A_3001_03. Tratamiento de textos	90
	COM_A_3001_04. Archivo e impresión	55
COM_B_3002. Aplicaciones básicas de ofimática (320 h)	COM_A_3002_01. Tramitación de información en línea	50
	COM_A_3002_02. Comunicaciones mediante correo electrónico	75
	COM_A_3002_03. Hojas de cálculo	135
	COM_A_3002_04. Elaboración de presentaciones gráficas	60
COM_B_3070. Operaciones auxiliares de almacenaje (140 h)	COM_A_3070_01. Recepción de mercancías	30
	COM_A_3070_02. Etiquetado de mercancías	20
	COM_A_3070_03. Almacenamiento de productos y mercancías	30
	COM_A_3070_04. Elaboración de inventarios de mercancías	30
	COM_A_3070_05. Preparación de pedidos	30
1782. Prevención de riesgos laborales		30

Índice

OBJETIVOS GENERALES

Los objetivos generales de este título **COM_A_3001_01. Preparación de los equipos,** son los siguientes:

- ⮌ Identificar y clasificar los equipos informáticos y sus periféricos en función de su utilidad en el proceso ofimático.
- ⮌ Identificar las distintas aplicaciones informáticas asociándolas a las diferentes labores que se van a realizar.
- ⮌ Comprobar las conexiones entre los distintos elementos informáticos, subsanando, en su caso, los errores observados.
- ⮌ Comprobar el funcionamiento de las aplicaciones informáticas a utilizar.
- ⮌ Realizar el mantenimiento de primer nivel de los diferentes equipos informáticos.
- ⮌ Adoptar las medidas de seguridad necesarias para evitar los riesgos laborales derivados de la conexión y desconexión de los equipos.
- ⮌ Situar los equipos teniendo en cuenta criterios de ergonomía y salud laboral.

Componentes de los equipos informáticos

Contenido

Objetivos

Los objetivos específicos de esta Unidad de Aprendizaje son:

→ Identificar los componentes básicos del *hardware*, distinguiendo su disposición y composición, así como sus funciones dentro de un sistema informático.

→ Reconocer los diferentes conectores usados en los equipos informáticos, tanto por su estructura como por su utilidad, y ser capaz de verificar su correcta instalación.

→ Utilizar los periféricos informáticos en función de su tipología, y seleccionar el más adecuado para cada situación de trabajo.

→ Dominar el concepto de *software* y la importancia de los sistemas operativos dentro de los sistemas informáticos.

1. Introducción

La informática se ha convertido en una disciplina esencial en la sociedad actual. De ahí que gran parte de las actividades personales, profesionales y empresariales dependan de la gestión de la información a través de sistemas informáticos.

En el ámbito del almacenaje y la logística, la informática constituye una herramienta indispensable para optimizar la gestión de los recursos. Gracias a los sistemas informáticos es posible registrar y organizar los datos de entrada y salida de mercancías, controlar el inventario en tiempo real y coordinar los procesos de distribución de forma más eficiente, entre otras muchas utilidades. Asimismo, la informática facilita la comunicación entre los diferentes agentes que intervienen en la cadena logística, desde el personal de almacén hasta proveedores y clientes, lo que reduce errores y mejora la trazabilidad de los productos.

Esta integración tecnológica no solo agiliza las operaciones diarias, sino que también aporta seguridad, fiabilidad y rapidez en la toma de decisiones dentro del entorno laboral.

Ahora bien, nada de esto es posible si el personal no posee los conocimientos básicos sobre los sistemas informáticos y su manejo. La familiarización con los equipos, los programas y los periféricos utilizados en el puesto de trabajo contribuye a una mayor autonomía, reduce la dependencia de soporte técnico y favorece un mejor desempeño de las funciones.

Para comprender la utilidad de los sistemas informáticos en el trabajo diario, vamos a tomar como referencia el caso de la empresa de textiles Retales S. L. En su almacén, acaban de incorporar nuevos equipos para modernizar su sistema de gestión, y todo su personal debe formarse.

2. Informática y sistemas informáticos

 **HILO CONDUCTOR**

Hasta ahora, en Retales S. L. la gestión del almacén se llevaba a cabo de forma manual y todo estaba muy obsoleto. Para que la implementación del nuevo sistema sea exitosa, es necesario que todos los trabajadores entiendan cuál es el origen de su funcionamiento.

Etimológicamente, el término *informática* proviene del francés *informatique,* formado a partir de tres partículas, dos de origen latino y una moderna de procedencia francesa:

De este modo, se entiende la informática como "información automática", es decir, el tratamiento automatizado de la información.

 ## DEFINICIÓN

Informática
Conjunto de conocimientos científicos y técnicas que hacen posible el tratamiento automático de la información por medio de ordenadores (DRAE, 2001).

Esta definición refleja de forma amplia el alcance de la disciplina, considerada en la actualidad una ciencia dedicada al estudio de las teorías, técnicas y disciplinas relacionadas con los sistemas de información.

Dentro de esta corriente científica, el denominado **Modelo Heckhausen** explica que la informática se centra en aspectos como:

El estudio de las disciplinas
- Analizando las distintas ramas de conocimiento que forman parte de la informática, como la programación, la ingeniería del *software*, la inteligencia artificial, las bases de datos o las redes de comunicación.

Los materiales propios de la informática
- Se consideran los elementos físicos y lógicos que permiten su desarrollo, incluyendo el *hardware*, el *software* y las aplicaciones informáticas, entre otros.

Continúa en página siguiente >>

<< Viene de página anterior

La metodología y los modelos empleados
- Para lo que es necesario estudiar los procedimientos de trabajo y los modelos conceptuales que guían el diseño, la implementación y la evaluación de sistemas informáticos.

La unificación de las teorías que sustentan la ciencia
- Buscando integrar los principios matemáticos, lógicos y técnicos que fundamentan la informática en un marco coherente y aplicable.

Las estrategias lógicas aplicadas
- Se emplean razonamientos formales y algoritmos que aseguran la resolución de problemas de manera precisa y eficiente.

Los instrumentos utilizados
- Incluyendo tanto las herramientas físicas (ordenadores, dispositivos de almacenamiento, redes, etc.) como los entornos de desarrollo y *software* de apoyo a la investigación y la práctica informática.

La aplicación práctica de la disciplina
- A través de la orientación a la resolución de problemas reales en ámbitos tan diversos como la gestión empresarial, la educación, la medicina, la industria o las comunicaciones.

De acuerdo con lo expuesto, la informática se centra en el tratamiento de la información: su lectura, organización, gestión, transformación, aplicación y obtención de resultados. En términos generales, consiste en el procesamiento de datos mediante un instrumento básico: el sistema informático, representado por un ordenador o PC *(personal computer)*.

Para ello, un sistema informático requiere, y se **compone,** de tres elementos principales:

Hardware. Componente físico	*Software.* Componente lógico	**Componente humano.** Programadores y usuarios

El ordenador, con programas previamente instalados, ejecuta operaciones de codificación y decodificación de la información que ingresa en el sistema. Para ello, emplea un **lenguaje binario** basado en 0 y 1, con el que procesa y representa los datos, mientras que los usuarios utilizan **códigos alfanuméricos** compuestos por letras, números y símbolos. Ambos sistemas resultan compatibles, dado que se estructuran a partir de bits.

 SABÍAS QUE...

Históricamente, uno de los códigos más empleados fue el de **12 bits de Hollerith,** basado en tarjetas perforadas utilizadas para la entrada y salida de datos. Estos mecanismos quedaron en desuso con la llegada de nuevos sistemas informáticos y códigos igualmente fundamentados en bits.

En la actualidad, los códigos más utilizados son:

ASCII	Unicode
- Es el Código Estándar Americano para el Intercambio de Información. Fue creado en 1967. Utiliza 7 bits y se basa en el abecedario inglés. Consta de 128 caracteres y ha sido objeto de actualizaciones continuas.	- Es considerado el estándar más extendido para representar texto y procesar información en los equipos informáticos. Su característica principal es que cada número tiene un carácter único, lo que proporciona capacidad multilingüe y reconocimiento internacional en el intercambio de archivos.

3. *Hardware*

☞ HILO CONDUCTOR

La instalación del nuevo sistema de gestión de almacenaje de Retales S. L. ha implicado la adquisición de nuevos equipos informáticos. Dados los requerimientos técnicos del programa, los ordenadores deben tener unos componentes muy específicos.

- -

Cuando se piensa en un equipo informático, lo primero que suele venir a la mente es la torre, un portátil, la pantalla o el teclado. Pero si se mira con más detalle, también existen otros muchos elementos que pasan desapercibidos, como los cables, los conectores, los ventiladores, las memorias y otros componentes.

 DEFINICIÓN

Hardware

Es la parte física de un ordenador, es decir, todo lo que se puede ver y tocar.

- -

John von Neumann propuso un modelo de arquitectura informática llamado **arquitectura Princeton.** En él explicaba que todo sistema debía tener una unidad central de procesamiento con una unidad lógico-matemática, registros, memorias de almacenamiento (principal y secundaria) y buses de entrada y salida para conectar dispositivos externos.

Aunque pueda parecer simple, este modelo, junto con el **modelo Harvard,** inspiraron el diseño de *hardware* que se usa hoy en día.

PARA SABER MÁS

Puedes consultar este archivo de la Universidad Carlos III de Madrid, donde se desarrollan los diferentes modelos de arquitectura informática.

https://redirectoronline.com/3001010101

El *hardware* se compone de multitud de elementos que pueden clasificarse en **seis grandes grupos, según la función** desempeñada dentro del sistema informático:

> **Hardware de soporte**
> - Su función es interconectar los componentes y permitir la comunicación entre ellos. Entre sus componentes se encuentran la placa base, los buses y las ranuras.

> **Hardware de procesamiento**
> - Es el encargado de ejecutar instrucciones y realizar cálculos.
> - Incluye, entre otros, la unidad central de procesamiento (CPU) y la unidad de procesamiento gráfico (GPU).

> **Hardware de almacenamiento**
> - Abarca los dispositivos que guardan datos de forma temporal o permanente, como la memoria RAM, los discos duros (HDD), las unidades de estado sólido (SSD), las memorias USB o las tarjetas SD.

> **Hardware de energía**
> - Es el hardware encargado de garantizar el funcionamiento y la estabilidad del sistema. Aquí se encuentran la fuente de alimentación, los sistemas de refrigeración y la carcasa.

Continúa en página siguiente >>

<< Viene de página anterior

Hardware de comunicación
- Permite la conexión y comunicación entre dispositivos y redes. Aquí se ubican, entre otros, la tarjeta de red o el adaptador wifi.

Periféricos
- Son los dispositivos que permiten introducir, extraer y transmitir información en el sistema. Según su función, podrán ser de entrada, de salida o de entrada/salida; también son denominados "mixtos".

La división del hardware es realmente complicada, y solo puede hacerse a nivel teórico, ya que todos los componentes de un ordenador están interrelacionados y se necesitan unos a otros.

3.1. _Hardware_ de soporte

Este tipo de _hardware_ no realiza directamente operaciones de cálculo ni almacenamiento, pero resulta imprescindible para que el sistema funcione de manera integrada.

 **DEFINICIÓN**

Hardware de soporte
Se denomina así al conjunto de componentes que cumplen la función de interconectar, organizar y dar estructura física al resto de los elementos del ordenador.

Entre los **elementos más destacados** del *hardware* de soporte se encuentran:

○ **Placa base o placa madre.** Es el circuito impreso principal donde se instalan y donde comunican todos los componentes internos. Contiene el *chipset,* las ranuras de memoria RAM, el zócalo del procesador, los puertos de expansión (PCIe, M.2, etc.) y conectores para dispositivos externos.

○ *Chipsets.* Conjunto de circuitos integrados en la placa base que gestionan la comunicación entre CPU, memoria, almacenamiento y periféricos. Se dividen habitualmente en *northbridge* y *southbridge:* el *chipset* nor*thbridge* conecta el microprocesador y la RAM, y el *chipset southbridge* conecta el procesador con los periféricos.

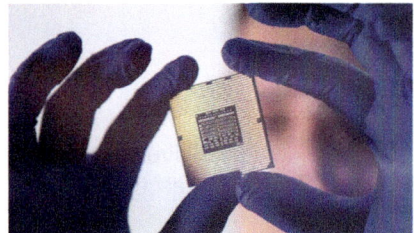

○ **Buses.** Son canales eléctricos que permiten la transmisión de información entre los distintos componentes. Pueden entenderse como un tipo de cable compuesto por varios conductos de grosor fino, que se unen en un único cableado. A través de ellos se realiza la transferencia de datos e información entre componentes. Es habitual encontrar dos tipos de buses según la forma en que envían la información: de serie (se la envían bit a bit) y paralelos (los datos se envían por *bytes* de forma simultánea).

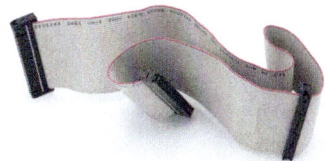

➲ **Ranuras y puertos de expansión.** También llamados "*slots* de expansión". Permiten instalar *hardware* adicional, como tarjetas gráficas, tarjetas de red, tarjetas de sonido o unidades de almacenamiento adicionales.

➲ **Carcasa o chasis.** Aunque no participa en la transmisión de datos, cumple la función de soporte físico, protección y organización de los componentes. Además, facilita la ventilación y el mantenimiento.

◔ **Conectores.** Integran las conexiones necesarias para que los dispositivos de almacenamiento, ventiladores y otros periféricos internos reciban energía y transmitan información.

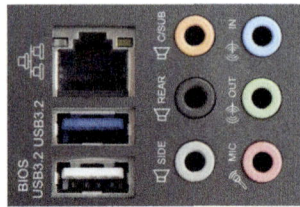

◔ **Zócalo del procesador.** Es la parte en la que se integra el procesador. Existe una amplia variedad de zócalos, cuyas diferencias no solo se basan en sus materiales y formas, sino también en la conectividad que tengan. Entre ellos, son habituales los zócalos LGA, PGA, ZIF, BGA, o DIP.

 **IMPORTANTE**

Tal y como se indicó con anterioridad, aunque se haga una separación teórica de los *hardware* según sus funciones dentro del equipo, todos están interrelacionados y son dependientes entre sí.

Eso conlleva que los elementos aquí citados, así como otros que se verán más adelante en otros tipos de *hardware*, se encuentren, físicamente, dentro de la placa base.

NOTA

Dada la importancia de los conectores, estos se desarrollarán con más detalle.

Las **principales funciones** del *hardware* de soporte son:

- **Establecer la comunicación interna entre todos los dispositivos de** *hardware.* La placa base y sus circuitos integrados permiten que el procesador, la memoria, los dispositivos de almacenamiento y las tarjetas de expansión puedan intercambiar información. Esta comunicación se realiza a través de buses de datos, de direcciones y de control, que coordinan la velocidad y el orden de las transferencias.
- **Organizar físicamente los componentes mediante un diseño estandarizado.** La disposición de zócalos, ranuras, conectores y puertos en la placa base sigue normas internacionales (como ATX o microATX). Esto asegura que procesadores, memorias, tarjetas y periféricos puedan instalarse correctamente, favoreciendo la compatibilidad entre diferentes fabricantes.
- **Proporcionar conectividad con el** *hardware* **externo.** Gracias a los conectores integrados en la placa base, es posible enlazar el sistema con dispositivos periféricos externos, como impresoras, cámaras, monitores, redes de internet o sistemas de almacenamiento adicionales. Así se logra que el equipo interactúe con el entorno digital.
- **Permitir la ampliación y actualización del sistema mediante ranuras y puertos de expansión.** El diseño de la placa base incorpora ranuras PCI Express, M.2 o SATA, que posibilitan añadir o sustituir componentes cuando se necesite más capacidad o mejor rendimiento, como instalar una nueva tarjeta gráfica, un disco SSD o una tarjeta de red más avanzada.
- **Garantizar la distribución eléctrica y la estabilidad en la comunicación entre dispositivos.** La placa base regula la energía recibida desde la fuente de alimentación y la distribuye en la cantidad adecuada a cada componente (CPU, GPU, RAM, discos). Además, incorpora condensadores, reguladores de voltaje y sistemas de protección para asegurar que no haya fallos por picos eléctricos o sobrecargas.

ACTIVIDAD COMPLEMENTARIA

1. A la hora de detallar los componentes que tendrán los equipos informáticos del almacén, Germán, coordinador y encargado de esta tarea, necesita ayuda para elegir el zócalo del microprocesador.

   Según la empresa que ha creado el sistema de gestión, el zócalo debe ir insertado en la placa base, debe poder reemplazarse en caso de fallo —es decir, no debe estar soldado— y debe ser compatible con equipos modernos.

   Analiza las similitudes y diferencias entre los zócalos LGA, PGA, ZIF, BGA y DIP.

Conectores de los equipos informáticos

De acuerdo con lo estudiado en apartados anteriores, sabemos que los conectores de los equipos informáticos actúan como puntos de unión entre cables, buses y circuitos integrados, asegurando que cada pieza del *hardware* pueda funcionar y comunicarse de manera adecuada.

DEFINICIÓN

Conectores de energía y datos
Son interfaces físicas presentes en la placa base y en otros componentes del ordenador, que permiten alimentar eléctricamente los dispositivos internos y transferir información entre ellos.

Para poder cubrir todas las comunicaciones del sistema, existen **diversos tipos de conectores,** que pueden clasificarse de la siguiente manera:

⊃ **Conectores de datos y periféricos:**

   ◊ **USB.** Sus siglas corresponden a *universal serial bus.* Es el estándar más común para conectar una gran variedad de periféricos (ratones, teclados, impresoras, discos duros externos) al equipo. Existen diferentes versiones (USB 2.0, 3.0, 3.1, USB-C, USB4) que ofrecen distintas velocidades de transferencia de datos y, en las versiones más recientes, incluso permiten carga de energía rápida.

- ☽ *Thunderbolt.* Desarrollado por *Intel*. Es un puerto de alta velocidad diseñado para la transferencia de datos, vídeo y energía. Se utiliza en dispositivos de mayor potencia, como discos duros externos de alto rendimiento, monitores 4K/8K y estaciones de acoplamiento.
- ☽ *Ethernet.* Este conector se utiliza para conectar el ordenador a una red local o a internet, proporcionando una conexión más rápida y estable en comparación con el wifi. Puede alcanzar velocidades de hasta 10 Gbps en sus versiones más modernas.
- ☽ **Otros conectores de datos internos.** Dentro de los conectores de datos también se incluyen los internos, como SATA (para discos HDD y SSD), M.2/NVMe (para unidades SSD ultrarrápidas), e interfaces PCI Express (para tarjetas gráficas, de red o sonido), que permiten la comunicación entre los componentes internos de un ordenador.

⊃ **Conectores de vídeo y audio:**

- ☽ **HDMI.** Sus siglas corresponden a *high definition multimedia interface.* Transmite tanto vídeo de alta definición como audio a través de un único cable, y es el estándar actual para televisores, monitores y consolas de videojuegos.
- ☽ *DisplayPort.* Es similar al HDMI. Es un conector de vídeo y audio utilizado en ordenadores y monitores, especialmente para resoluciones muy altas como 4K y 8K, con mejor soporte para mayores velocidades de actualización de imagen.
- ☽ **VGA.** Es un conector analógico antiguo para la salida de vídeo, utilizado principalmente en monitores más antiguos. Sus siglas pertenecen a *video graphics array.*
- ☽ **DVI.** *Digital visual interface.* Se trata de otro conector para la conexión de monitores, que puede transmitir vídeo digital y, en algunas variantes (DVI-I), también señal analógica.
- ☽ *Jack.* Es el conector de audio estándar para conectar auriculares, micrófonos o altavoces a la tarjeta de sonido del equipo.
- ☽ **Salida óptica.** Es un conector que transmite sonido en formato digital a equipos de alta fidelidad, manteniendo la calidad sin interferencias.

⊃ **Conectores internos de energía.** Estos conectores permiten que cada dispositivo reciba el voltaje y la potencia adecuados para su correcto funcionamiento:

- ☽ **ATX.** Alimenta la placa base y los circuitos principales. Normalmente es de 24 pines.
- ☽ **EPS.** Es el encargado de proporcionar energía a la CPU. Suele tener 4 u 8 pines.

- **PCIe.** Suministra energía adicional a las tarjetas gráficas de alto rendimiento. Cada conector tiene entre 6 y 8 pines.
- **SATA de energía.** Se ocupa de alimentar discos duros y SSD *(solid state drive)*, similares a los discos duros externos de almacenamiento.
- **Molex.** Se utiliza, sobre todo, en equipos antiguos para discos IDE *(integrated drive electronics)*, usados para el almacenamiento masivo, o ventiladores.

⮥ **Conectores específicos:**

- **PS/2.** Se utilizaban, años atrás, para conectar teclados y ratones. Se distinguen por sus colores: violeta para el teclado y verde para el ratón. Los sistemas más anticuados aún poseen estos conectores.
- **Puertos paralelo y serial.** Son conectores antiguos para impresoras (en paralelo) y comunicaciones en serie. Actualmente, la gran mayoría de estos puertos se han sustituido por USB.

Errores más habituales en las conexiones

La importancia de los conectores dentro de este conglomerado es tal que, sin ellos, difícilmente funcionaría el sistema informático, o, al menos, no funcionaría correctamente.

Por este motivo, es imprescindible reconocer los **fallos más habituales** de estas conexiones y saber solventarlos con agilidad.

Fallos habituales en conectores de datos y periféricos

Tipo de conector	Fallo habitual	Indicadores	Detección
USB	Puerto flojo, daños físicos.	Dispositivo no reconocido, desconexiones intermitentes, lentitud.	Probar otro puerto, verificar en Administrador de dispositivos/ utilidad de discos.
Thunderbolt	Cable defectuoso, incompatibilidad de versión.	Dispositivo no detectado, velocidad reducida, fallos en transferencia de datos.	Probar con otro cable *Thunderbolt*, revisar compatibilidad de versión y *drivers*.

Continúa en página siguiente >>

<< Viene de página anterior

Tipo de conector	Fallo habitual	Indicadores	Detección
Ethernet	Cable defectuoso, puerto dañado.	Sin conexión, velocidad reducida, desconexiones frecuentes.	Probar con otro cable, verificar LED del puerto.
SATA (datos/ energía)	Cable dañado o flojo.	Disco no reconocido, errores de lectura/ escritura, lentitud.	Probar otro cable SATA o puerto, comprobar en BIOS/UEFI (lista de dispositivos reconocidos).
M.2/NVMe	Instalación incorrecta o mal contacto.	Disco SSD desaparece del sistema, bloqueos en transferencias de datos.	Revisar anclaje, probar en otra ranura.
PCI *Express*	Contacto sucio o fallo de ranura.	Tarjeta gráfica o de red no detectada.	Retirar y recolocar la tarjeta, probar en otro equipo.

◉ EJEMPLO

Un ejemplo de un fallo de conexión y de cómo debe detectarse y solucionarse sería el sucedido en la oficina de Retales S. L.

Uno de sus ordenadores comienza, de repente, a presentar problemas: el sistema operativo no arranca y aparece un mensaje indicando que no se detecta ningún disco duro. Tras una inspección visual, se descubre que el **conector SATA de datos,** que une la placa base con el disco duro, está dañado.

En este caso, no sería necesario comprobar, mediante otro puerto o cable, si la avería proviene de ahí, ya que se ha comprobado su deterioro. Sin embargo, sí habrá que sustituir este conector para recuperar el equipo.

Fallos habituales en conectores de vídeo y audio

Tipo de conector	Fallo habitual	Indicadores	Detección
HDMI/ DisplayPort	Cable dañado, pines doblados.	Sin imagen, baja resolución, parpadeos, pérdida de señal.	Probar con otro cable/monitor, inspeccionar pines.
VGA/DVI	Pines doblados, desgaste.	Imagen distorsionada, baja calidad o sin señal.	Revisar pines, probar otro monitor o cable.
Jack/Salida óptica	Mal contacto o conector desgastado.	Ausencia de sonido, ruidos o interferencias.	Probar con otros auriculares/ altavoces, revisar configuración de audio.

SABÍAS QUE...

Los pines son las clavijas que componen los diferentes conectores utilizados en los sistemas informáticos.

Fallos habituales en conectores internos de energía

Tipo de conector	Fallo habitual	Indicadores	Detección
ATX	Contacto flojo, cable dañado.	El equipo no enciende, reinicios inesperados, apagados súbitos.	Revisar fijación, probar con otra fuente de alimentación, medir voltajes.
EPS	Mala fijación o conector dañado.	CPU no arranca, bloqueos bajo carga.	Revisar conexión, medir voltajes, probar otra fuente.
PCIe	Sobrecalentamiento, conector quemado.	Pantalla en negro, GPU no detectada.	Inspección visual, probar GPU en otro equipo.

Continúa en página siguiente >>

<< Viene de página anterior

Tipo de conector	Fallo habitual	Indicadores	Detección
SATA de energía	Cable roto o flojo.	Discos o SSD no encendidos, no reconocidos.	Revisar cable, sustituirlo por otro, comprobar en BIOS.
Molex	Daños en el conector o cables.	Ventiladores o periféricos antiguos no funcionan.	Revisar conexión, probar otro cable o adaptador.

 ## SABÍAS QUE...

La **GPU** *(graphics processing unit)* es la unidad de procesamiento gráfico de un ordenador. Se trata de un procesador especializado en realizar operaciones matemáticas complejas de forma masiva y paralela, lo que la hace ideal para generar imágenes, procesar gráficos y manejar vídeos.

Por su parte, la **CPU** *(central processing unit)* es la unidad central de procesamiento de un ordenador, también conocida como el "cerebro" del sistema. Es el componente encargado de interpretar y ejecutar instrucciones, coordinando el funcionamiento de todos los demás dispositivos de *hardware*.

Fallos habituales en conectores específicos

Tipo de conector	Fallo habitual	Indicadores	Detección
PS/2	Pines doblados o puerto en desuso.	Teclado o ratón no funcionan.	Revisar pines, probar en otro equipo.
Puertos en paralelo y serial	Puerto antiguo sin soporte moderno.	Impresora o dispositivo no responde.	Probar en otro equipo compatible, usar adaptadores USB actuales.

 **VÍDEO**

Conoce la relación entre la placa base y los diferentes conectores de un equipo visualizando este vídeo.

https://redirectoronline.com/3001010102

3.2. *Hardware* de procesamiento

El *hardware* **de procesamiento** está compuesto por los dispositivos cuya función principal es ejecutar instrucciones, realizar cálculos y coordinar el funcionamiento del sistema informático.

Se considera el "cerebro" del ordenador, ya que procesa la información proveniente de la memoria, los dispositivos de entrada y almacenamiento, y envía los resultados hacia la memoria o los periféricos de salida.

Entre los **componentes** más importantes de este tipo de *hardware,* se encuentran:

- ⟲ **Unidad central de procesamiento (CPU).** Es considerada el núcleo del procesamiento general del ordenador. Se encarga de ejecutar el ciclo de instrucción (captar, decodificar, ejecutar y almacenar).
  Para llevar a cabo sus tareas, se ayuda de varios componentes:

  - ◊ Unidad de control (UC): administra el flujo de datos entre CPU, memoria y periféricos. Supervisa el orden de ejecución de las instrucciones.
  - ◊ Unidad aritmético-lógica (ALU): ejecuta operaciones matemáticas básicas (suma, resta, multiplicación, división) y lógicas (comparaciones, condiciones).
  - ◊ Registros: pequeñas memorias internas de gran velocidad que almacenan temporalmente datos o instrucciones en uso.

U Caché: memoria ultrarrápida integrada en el procesador que reduce la latencia al acceder a datos frecuentemente utilizados.

U Núcleos y subprocesos: los procesadores actuales cuentan con múltiples núcleos que permiten ejecutar varias instrucciones de forma simultánea y con tecnologías de subprocesos como *Hyper-Threading* o SMT.

➲ **Unidad de procesamiento gráfico (GPU).** Se trata de un procesador diseñado para gestionar gráficos, realizar el renderizado en 2D y 3D, y ejecutar el procesamiento de vídeo.

Se diferencia de la CPU porque está diseñada para realizar miles de cálculos simples en paralelo.

Puede ser de dos tipos:

U Integrada: incluida en la placa base o dentro de la CPU. Consume menos energía, pero con potencia limitada.

U Dedicada: tarjeta gráfica independiente con memoria propia (VRAM), ideal para videojuegos, diseño, edición de vídeo e inteligencia artificial.

➲ **Coprocesadores.** Son procesadores adicionales diseñados para descargar a la CPU de tareas específicas relacionadas con el procesamiento matemático, el procesamiento criptográfico (cifrado y descifrado), la IA y el reconocimiento de voz, imagen o aprendizaje automático.

Algunos de los más utilizados actualmente son:

۞ TPU *(tensor processing unit)* de *Google:* especializado en inteligencia artificial y aprendizaje automático.
۞ NPU *(neural processing unit):* integrado en dispositivos móviles y portátiles modernos para tareas de IA, reconocimiento de voz e imagen.
۞ Coprocesadores criptográficos: diseñados para acelerar operaciones de cifrado y garantizar la seguridad de la información.

➲ **Procesadores digitales de señales (DSP).** Son microprocesadores especializados en el tratamiento rápido y eficiente de señales digitales en tiempo real, como audio, vídeo, telecomunicaciones o datos de sensores. Se diferencian de la CPU en que su arquitectura está diseñada para manejar flujos continuos de datos en lugar de tareas generales. Por este motivo, normalmente se utilizan en *smartphones* y tabletas, cámaras digitales, sistemas de sonido o equipos industriales y médicos.

 **IMPORTANTE**

Actualmente, el *hardware* de procesamiento ya no se limita a la CPU, sino que combina distintos procesadores especializados (GPU, coprocesadores, DSP)

Continúa en página siguiente >>

<< Viene de página anterior

que trabajan de forma conjunta para optimizar el rendimiento y adaptarse a diferentes necesidades, ya sean gráficas, matemáticas, de inteligencia artificial o de señal.

3.3. *Hardware* de almacenamiento

Aquí hacemos referencia a todos aquellos elementos que guardan datos de forma temporal o permanente.

En el caso de los sistemas de almacenamiento, su ubicación determinará el tipo de funciones que llevarán a cabo, así como su pertenencia a uno u otro grupo.

 PARA SABER MÁS

Puedes consultar este artículo de la Guía Digital de IONOS para conocer cuáles son las unidades de medida más habituales en los sistemas de almacenamiento, sus equivalencias, y cuáles son las cantidades más aceptables para según qué dispositivo.

https://redirectoronline.com/3001010103

Por norma general, las memorias de los ordenadores **se organizan** en dos grandes grupos aunque, en nuestro caso, añadiremos un tercero: las memorias virtuales:

⇨ **Memoria principal.** O memoria primaria forma parte del *hardware* de un equipo informático. En ocasiones se denomina "memoria interna", dado que se encuentra integrada en la placa base.

Está constituida por un conjunto de celdas donde se almacenan los datos necesarios para la ejecución de procesos. Según la información tratada o la operación realizada, se utilizan dos divisiones principales: memoria RAM y memoria ROM. En nuestro caso, además, añadiremos una tercera categoría: la memoria caché, ya que se encuentra situada entre las dos principales.

↻ **Memoria RAM.** O memoria de acceso aleatorio, constituye uno de los elementos más relevantes en el funcionamiento de un ordenador. Su nombre responde a la posibilidad de acceder de forma aleatoria a cualquiera de las posiciones de memoria, sin necesidad de seguir un orden. El procesador utiliza la RAM de manera constante desde el arranque del sistema, dado que en ella se almacenan temporalmente instrucciones y datos en ejecución. Por esta razón, se considera un almacenamiento intermedio.

Debe tenerse en cuenta que se trata de una memoria volátil: al interrumpirse el suministro eléctrico, la información almacenada se borra. En consecuencia, los datos que se guardan en ella corresponden a acciones inmediatas relacionadas con los procesos en curso.

Se pueden distinguir diversas clases de memoria RAM:

- ↕ DRAM *(dynamic random access memory):* memoria dinámica, utilizada hasta los años noventa por su baja velocidad.
- ↕ SDRAM *(synchronous dynamic random access memory):* memoria síncrona que evolucionó técnicamente, alcanzando mayor velocidad y funcionando al mismo ritmo que la placa base.
- ↕ RDRAM *(rambus dynamic random access memory):* memoria de gran eficiencia, aunque con un coste elevado, empleada en procesadores de alto rendimiento.
- ↕ La SRAM *(static* RAM) es una memoria estática más rápida y costosa que la DRAM, no requiere actualización constante y se emplea principalmente como memoria caché.
- ↕ La EDO RAM *(extended data out* RAM) fue una variante de la DRAM que mejoró los tiempos de acceso en los años noventa, aunque acabó siendo sustituida por la SDRAM.
- ↕ La DDR SDRAM *(double data rate* SDRAM) supuso una evolución de la SDRAM, al duplicar la velocidad de transferencia. Sus generaciones van desde DDR hasta DDR5, cada una con mayor frecuencia, menor consumo y más ancho de banda.
- ↕ La LPDDR *(low power* DDR) es una versión de DDR optimizada para reducir el consumo energético, utilizada en dispositivos móviles y portátiles ultraligeros.

⇕ La GDDR (*graphics* DDR) es una memoria derivada de DDR, diseñada para tarjetas gráficas, que ofrece un gran ancho de banda para el procesamiento de imágenes y gráficos.

⇕ La HBM (*high bandwidth memory*) es un tipo de RAM de alto rendimiento que se apila verticalmente para maximizar ancho de banda y eficiencia, usada en GPU avanzadas y servidores.

❂ **Memoria caché.** Organizativamente, no forma parte de la memoria principal, pero, dado que actúa como auxiliar de esta, se incluye aquí. La memoria caché se ubica entre la RAM y el procesador, que actúa como auxiliar al agilizar los procesos. A diferencia de la RAM, la caché retiene determinados datos que favorecen la apertura de programas, páginas web o archivos.

Existen varios niveles de memoria caché:

⇕ L1: ubicada junto al microprocesador. Es la más rápida, aunque con menor capacidad.

⇕ L2: nivel intermedio, que ofrece equilibrio entre capacidad y velocidad.

⇕ L3: de mayor capacidad que la L2, aunque con menor velocidad.

⇕ L4: destinada a dar soporte a las unidades de procesamiento gráfico (GPU).

❂ **Memoria ROM.** Almacena los códigos necesarios para el arranque del ordenador. Originalmente, estos códigos eran grabados por los fabricantes y no podían modificarse, de ahí su denominación de memoria de solo lectura.

Con el tiempo, aparecieron variantes que permiten escritura:

⇕ EPROM (*erasable programmable read only memory*): reprogramable tras borrado mediante luz ultravioleta.

⇕ EEPROM (*electrically erasable programmable read only memory*): similar a la anterior, pero borrable con corriente eléctrica.

⇕ *Flash* EEPROM: versión simplificada de la EEPROM, con menos componentes y acceso individual a registros de almacenamiento.

La memoria ROM, ubicada en la placa base, es permanente y no volátil, ya que contiene la información necesaria para iniciar el sistema y actualizar la BIOS.

La BIOS actúa como enlace entre el *software* y el *hardware*, coordinando los procesos de ambos. Se inicia junto con el sistema y, en caso de detectar un fallo crítico, impide la ejecución del sistema operativo para proteger los componentes y los datos.

● **Memorias secundarias.** Son dispositivos de almacenamiento externos a la placa base. A diferencia de la memoria principal, permiten guardar grandes volúmenes de información de manera permanente. Aunque presentan menor velocidad de acceso, destacan por su elevada capacidad, que puede alcanzar varios *terabytes.*
Se clasifican en cuatro grupos:

○ Almacenamiento magnético:

⇕ Disquete: disco flexible con recubrimiento magnético, de capacidad muy reducida (1.44 MB). En desuso tras la aparición de los CD y de las memorias *flash.*

⇕ Cintas magnéticas: soportes de grabación para audio, vídeo y datos. Continúan en uso en entornos de *backup* empresarial y centros de datos, con tecnologías como LTO-9, que alcanzan hasta 18 TB nativos y 45 TB comprimidos.

⇕ Disco duro (HDD): dispositivo magnético interno que almacena el sistema operativo, programas y archivos de forma permanente. Hoy en día superan con facilidad los 20 TB en modelos de uso empresarial, aunque los de consumo suelen estar entre 1 TB y 8 TB.

○ Almacenamiento óptico:

⇕ CD: discos compactos con capacidad de 700 MB. Permiten almacenar audio, vídeo, imágenes o documentos. No son reutilizables, salvo versiones regrabables. Están prácticamente obsoletos.

⇕ DVD: discos versátiles digitales con capacidad habitual de 4,7 GB (hasta 17 GB en versiones avanzadas). Existen modelos regrabables (DVD-RW).

⇕ *Blu-ray:* discos ópticos de última generación diseñados para vídeo en alta definición. Su capacidad alcanza hasta 128 GB. Su uso es limitado frente a discos duros externos y almacenamiento en la nube.

○ Almacenamiento *flash:*

⇕ Tarjetas de memoria y *pendrives:* unidades de memoria *flash* reutilizables, utilizadas para transferir archivos mediante ranuras específicas o puertos USB. Su capacidad llega hasta 1 TB en tarjetas microSD y hasta 2 TB en *pendrives* USB.

⇕ Discos SSD *(solid state drive):* evolución de los discos duros que emplea tecnología *flash,* con gran capacidad y alta velocidad de acceso. Existen modelos con hasta 8 TB de capacidad en consumo.

- Almacenamiento en la nube. Es un sistema en el que los datos se guardan en servidores remotos accesibles a través de internet. Permite disponer de grandes capacidades de espacio, compartir información en tiempo real y acceder a ella desde cualquier dispositivo conectado.

  Ejemplos comunes son *Google Drive, OneDrive, Dropbox* o *iCloud*. Estos proveedores ofrecen desde planes gratuitos (5-15 GB) hasta otros más completos de varios *terabytes*.

  Como características, el almacenamiento en la nube destaca por:

  - Seguridad: el almacenamiento en la nube protege los datos con cifrado y autenticación multifactor, además de cumplir normativas internacionales.
  - Disponibilidad 24/7: los centros de datos distribuidos aseguran acceso constante y replicación de la información, garantizando la continuidad de sistemas críticos.
  - Sincronización automática: los archivos se actualizan en tiempo real en todos los dispositivos vinculados, lo que favorece la colaboración y evita pérdidas de información.

- **Memoria virtual.** Es una técnica que utilizan casi todos los sistemas operativos, para simular más memoria RAM de la que físicamente tiene el equipo.

  Así, cuando la memoria RAM se llena, el sistema guarda parte de la información en un espacio del disco duro o SSD llamado "archivo de paginación". De esta forma, el ordenador puede seguir funcionando aunque la RAM real esté saturada, ya que el disco duro actúa como una extensión de la memoria.

  A través de esta memoria, no solo se amplía la capacidad disponible, sino que se evitan bloqueos del sistema, se optimiza el uso de recursos y se pueden gestionar múltiples procesos de manera simultánea.

  Como limitación, hay que tener en cuenta que, al usar el disco (más lento que la RAM), el rendimiento puede disminuir.

 **RECUERDA**

La memoria caché es una memoria ultrarrápida integrada en el procesador que reduce la latencia al acceder a datos frecuentemente utilizados. Puede considerarse como una memoria "auxiliar" de las memorias principales; de ahí su ubicación en la clasificación.

3.4. *Hardware* de energía

El **hardware de energía** comprende los dispositivos responsables de captar, transformar, distribuir y regular la corriente eléctrica que necesitan los equipos informáticos para funcionar.

Como su nombre indica, el hardware de energía constituye la base energética del sistema, ya que, sin un suministro estable y seguro, ningún componente del ordenador podría operar correctamente.

Los componentes más habituales del *hardware* de energía son los que se muestran a continuación:

Fuente de alimentación
- Transforma la corriente alterna (CA) de la red eléctrica en corriente continua (CC), adecuada para los componentes internos del ordenador. Proporciona diferentes voltajes, siendo los más comunes +12 V, +5 V y +3,3 V.

Conectores de energía
- Distribuyen la corriente hacia cada dispositivo. Entre ellos destacan el conector ATX de 24 pines (placa base), el EPS de 4/8 pines (CPU), el PCIe de 6/8 pines (GPU), el conector SATA de energía (discos) y el *Molex* (ventiladores y periféricos antiguos).

Reguladores de voltaje o VRM *(voltage regulator module)*
- Integrados en la placa base, estabilizan y adaptan la energía entregada a la CPU, GPU y otros chips sensibles.

Sistemas de refrigeración
- Aunque no suministran energía, forman parte del soporte eléctrico, ya que evitan el sobrecalentamiento causado por el consumo de corriente. Suelen ser ventiladores, disipadores o refrigeración líquida.

Continúa en página siguiente >>

<< Viene de página anterior

Sistemas de protección eléctrica
- Incluyen SAI/UPS (sistemas de alimentación ininterrumpida) y protectores contra sobretensiones, que resguardan al equipo frente a cortes de corriente, picos eléctricos o bajadas de tensión.

3.5. *Hardware* de comunicación

El **hardware de comunicación** está formado por los dispositivos físicos que permiten la transmisión y recepción de datos entre un equipo y otros dispositivos o redes.

Su **finalidad** es garantizar la conectividad, tanto a nivel local como global, mediante distintos estándares y tecnologías de comunicación.

 **VÍDEO**

Para aprender más sobre los diferentes tipos de redes a las que puede conectarse un equipo, puedes ver el siguiente vídeo.

https://redirectoronline.com/3001010104

Para ello, el *hardware* de comunicación se sirve, entre otros **componentes,** de:

[35]

Tarjetas de red	- Se instalan en la placa base o se integran directamente en ella. Permiten la conexión del ordenador a una red mediante cable *(Ethernet)* o de forma inalámbrica (wifi).
Adaptadores wifi y *bluetooth*	- Dispositivos que posibilitan la conexión inalámbrica a redes de área local o a periféricos compatibles. Pueden estar integrados en la placa base o conectarse por USB.
Módems	- Transforman la señal digital del ordenador en una señal analógica, que pueda transmitirse a través de líneas telefónicas, de fibra o de red móvil, y viceversa. Son esenciales para acceder a internet.
Routers	- Aparatos que gestionan la conexión entre varias redes, normalmente entre la red local de una empresa u hogar y la red de internet. Distribuyen direcciones IP y canalizan el tráfico de datos.
Switches* y *hubs	- Dispositivos que interconectan varios equipos dentro de una misma red local. El *switch* optimiza el tráfico de datos al enviarlo solo al dispositivo correspondiente, mientras que el *hub* lo distribuye a todos los equipos conectados.
Puertos y conectores de red	- Incluyen los conectores para redes cableadas *Ethernet*, así como antenas y receptores para las conexiones inalámbricas.

3.6. Periféricos informáticos

Los periféricos poseen una gran importancia en el funcionamiento de cualquier sistema informático, dado que gracias a ellos se amplían las capacidades del equipo, se optimizan tareas específicas y se adapta el ordenador a distintos contextos de uso, como el profesional, el educativo o el doméstico.

DEFINICIÓN

Periféricos informáticos

Son los dispositivos externos que se conectan al ordenador para ampliar o complementar sus funciones, facilitando la interacción entre el sistema y el usuario.

En un equipo, el monitor, el teclado y el ratón pueden considerarse periféricos esenciales para la interacción básica con el sistema. El resto podrían denominarse periféricos secundarios o accesorios, ya que mejoran el rendimiento y la experiencia de uso, pero no resultan indispensables.

Al margen de esta apreciación, la **clasificación** de los periféricos suele atender a la **función que desempeñan en el sistema.** De este modo, se distinguen tres grandes categorías:

Periféricos de entrada	Periféricos de salida	Periféricos mixtos o de entrada/salida

De entrada

Los periféricos de entrada son aquellos que posibilitan la introducción de datos e información al ordenador.

Son muchos los periféricos de entrada que pueden utilizarse, pero los más habituales son los que siguen:

⊃ **Ratón.** Es uno de los periféricos básicos para la interacción con el sistema. Su función consiste en indicar al equipo qué acción debe ejecutarse mediante el movimiento del cursor en la pantalla. A través de este dispositivo se pueden seleccionar, modificar o activar opciones, siempre en función de las órdenes del usuario.

⊃ **Teclado.** Permite introducir caracteres, símbolos y combinaciones de teclas, para que el equipo los procese y almacene como información útil. Los teclados han evolucionado desde los modelos con conexión por cable hasta versiones inalámbricas y multifuncionales, que incluyen teclas especiales para controlar el sistema, abrir programas, gestionar el volumen o suspender el equipo. Además, los sistemas operativos incorporan combinaciones de teclas o atajos que agilizan acciones frecuentes (aspecto que se desarrollará más adelante).

La clasificación de los teclados puede realizarse según sus muchas características, pero, en la actualidad, se organizan en función de su tecnología. Así, podemos encontrar:

- ◑ Teclado de membrana
- ◑ Teclado de tijera
- ◑ Teclado mecánico
- ◑ Teclado óptico
- ◑ Teclado capacitivo
- ◑ Teclado de contacto metálico

⊃ **Escáner.** Los escáneres convierten imágenes, documentos, códigos o datos biométricos en formato digital para su almacenamiento y procesamiento en el equipo. La resolución de la digitalización se mide en puntos por pulgada (ppp) o píxeles por pulgada (ppi).

Se distinguen tres grupos principales:

- ◑ **Escáneres de documentos y multimedia:**

  - ⇧ **Escáner de mesa:** también denominado "escáner plano". Es el más común por su versatilidad, facilidad de uso, tamaño y precio. Dispone de una pantalla transparente por la que se desliza el sensor de luz (similar al de las fotocopiadoras), que captará la imagen del documento, la fotografía o cualquier elemento insertado.

También incluye una tapa opaca que permite el sellado de la zona a escanear, evitando que entre la luz y que se pierda calidad.

- ⇕ **Escáner de libros:** su tecnología se basa en las pautas anteriores, pero su tamaño y forma varían en función de los tipos de libros que requieran el escaneo. Gran parte de estos periféricos utilizan el sistema OCR (*optical character recognition*, reconocimiento óptico de caracteres), posibilitando la extracción del texto contenido en cualquier fichero, aunque sea una imagen, y haciéndolo editable.
- ⇕ **Escáner de tambor:** aunque su uso es industrial, son muy útiles para escanear planos, mapas o documentos cuyos detalles no pueden perderse durante su duplicado. Esto se debe a que los escáneres de tambor son los que mayor resolución poseen.
- ⇕ **Escáner de cámara:** se trata de una estructura similar a una lámpara de mesa. Tiene una base en la que se apoya el documento a escanear, y una lámpara o cámara que se ajusta encima de ella. Es muy empleado en el escaneo de libros, documentos que requieren alta definición e, incluso, negativos de fotografías y películas. Con los años, aunque esta versión sigue en uso, ha avanzado hasta convertirse en un escáner manual y portátil que posibilita incluso escaneo en 3D. En su versión más rudimentaria, es posible encontrarlo en algunas aplicaciones para *Android* e *iOS* que funcionan a través de las cámaras de estos dispositivos.
- ⇕ **Escáner de mano:** también conocido como "escáner portátil". Es un prisma que contiene los componentes fundamentales de estos aparatos: una pantalla LCD, puertos USB, sensor de luz, rodillos de desplazamiento, etc. Habitualmente se encuentran en formato A4, de manera que casi cualquier elemento puede ser escaneado. Únicamente hay que arrastrarlo manualmente por la superficie a escanear. Son bastante prácticos, pero su resolución no es de las mejores.
- ⇕ **Otros tipos de escáneres:** aquí destacamos aquellos dispositivos creados especialmente para realizar ciertos tipos de escaneo, tales como el escáner para *microfilm,* el escáner para diapositivas, el escáner de transferencia o los digitalizadores de vídeo.

- ☉ **Escáneres o lectores de códigos.** Son los dispositivos que permiten la lectura de, sobre todo, tres elementos: códigos de barras, códigos QR y códigos *datamatrix*.

Los lectores de códigos, habitualmente, emplean cuatro tipos de tecnología diferente. Así, los hay que usan cámaras para decodificar y reconocer los códigos, otros que utilizan láser, otros disponen de CCD (*charge couple device*, que son circuitos transmisores de carga eléctrica) y, finalmente, los lápices ópticos, que usan luz LED en forma de varitas similares a las de los códigos de barras.

Escáneres biométricos. Permiten la identificación de las personas mediante características biológicas y físicas. Principalmente, se emplean para el acceso a determinados lugares o dispositivos, dado el alto nivel de seguridad que ofrece el uso de estos datos biofísicos. Aunque hoy día existen infinidad de escáneres biométricos, los más usados son: escáner de huellas dactilares, escáner de iris o retina, escáner de la palma de la mano y escáner facial.

Tableta gráfica. También llamadas "tabletas digitalizadoras", se utilizan para crear o editar gráficos y contenidos multimedia. Según el modelo, pueden incorporar pantalla (tabletas LCD), carecer de ella (digitalizadoras clásicas), estar orientadas a la captura de firmas o integrar *hardware* completo para funcionar como equipos autónomos (tabletas PC).

➲ **Lápiz óptico.** Puede funcionar como complemento o sustituto de la tableta gráfica. Registra trazos con alta precisión y los transmite de forma inalámbrica al ordenador para su almacenamiento y reproducción.

➲ **Micrófono.** Capta sonidos del exterior y los transfiere al equipo. Estos periféricos han evolucionado desde modelos externos de baja calidad hasta micrófonos integrados en dispositivos y, en la actualidad, hasta modelos auxiliares de calidad profesional. Los tipos más comunes son dinámicos, de condensador y de cinta. Los archivos de sonido generados adoptan extensiones habituales, como .mp3, .wav, .wma o .m4a, según el programa de reproducción y el sistema operativo.

➲ **Cámara web.** Capta imágenes estáticas o dinámicas y las convierte en archivos digitales. En el ámbito informático se conocen como *webcams*. Pueden estar integradas en el equipo o ser externas, con variantes como autoenfoque, luz anular o alta definición.

Los archivos de vídeo creados adoptan extensiones como .avi, .mp4, .mov o .wmv, mientras que las imágenes estáticas suelen almacenarse en formatos como .jpg, .png o .tiff.

➲ **Lector de bandas magnéticas.** Permite la lectura de información contenida en las bandas magnéticas de tarjetas bancarias, de identificación o sanitarias. Los modelos modernos funcionan conectados por USB y ofrecen una lectura rápida y precisa.

 PARA SABER MÁS

Amplía tu conocimiento sobre los tipos de teclado disponibles en el mercado gracias a este artículo.

Continúa en página siguiente >>

<< Viene de página anterior

https://redirectoronline.com/3001010105

───────

De salida

A diferencia de los periféricos de entrada, los periféricos de salida son componentes que permiten transmitir la información procesada por el ordenador hacia el exterior, de modo que los usuarios puedan percibirla en forma visual y/o auditiva.

Estos dispositivos son fáciles de identificar, ya que los datos generados por el equipo se hacen visibles, audibles o palpables. Entre los principales periféricos de salida destacan los siguientes:

⮑ **Monitor.** Constituye un elemento esencial para el funcionamiento del ordenador, dado que posibilita la visualización de la información.
En los equipos portátiles se integra en el propio dispositivo, mientras que en los ordenadores de sobremesa se presenta como un periférico independiente.
Los monitores actuales incorporan múltiples conexiones y, en muchos casos, altavoces integrados.
En cuanto a su evolución tecnológica, se distinguen los siguientes tipos:

  ↻ Monitores CRT (tubo de rayos catódicos): voluminosos y de baja resolución. Hoy se consideran totalmente obsoletos.
  ↻ Monitores de plasma: basados en celdas de gas que emiten luz al calentarse. Generaban gran cantidad de calor y han caído en desuso.
  ↻ Monitores LCD *(liquid crystal display):* con retroiluminación mediante lámparas fluorescentes. Su uso es ya residual frente a tecnologías más avanzadas.
  ↻ Monitores LED: constituyen el estándar actual, al emplear diodos emisores de luz que proporcionan bajo consumo y alta calidad de imagen.

◑ Monitores OLED *(organic light emitting diode):* representan la innovación más reciente. Ofrecen mayor contraste, negros puros y fidelidad de color, aunque su coste es más elevado.

En cualquier monitor actual, el tamaño se mide en pulgadas y la resolución depende del número de píxeles que integra la pantalla.

➲ **Impresora.** Son periféricos de salida que permiten obtener en papel la información digital del ordenador. Actualmente, además de imprimir, suelen integrar funciones de escaneado, copia y fax (equipos multifunción). Asimismo, es habitual que incluyan conexión inalámbrica (wifi, wifi *Direct* o *AirPrint),* lo que permite imprimir sin necesidad de cables.
Se clasifican en dos grandes grupos:

◑ Impresoras de impacto: utilizan presión mecánica para transferir la tinta al papel.

⇕ Impresora de margarita: completamente en desuso, basada en una rueda metálica en relieve.
⇕ Impresora matricial o de agujas: aún presentes en entornos específicos (como facturación en papel continuo), aunque su uso es muy limitado.

◑ Impresoras sin impacto: emplean técnicas más modernas y silenciosas.

⇕ Impresoras de inyección de tinta *(Inkjet):* pulverizan tinta en el papel mediante cartuchos y un cabezal de impresión.
⇕ Impresoras láser: utilizan tóner y un proceso de fijado por calor y presión. Son rápidas y económicas en blanco y negro.
⇕ Impresoras LED: similares a las láser, aunque emplean diodos emisores de luz en lugar de un láser.

⊃ **Altavoces.** Permiten reproducir de manera audible los archivos de sonido almacenados en el ordenador. Pueden estar integrados en el equipo, formar parte del monitor o conectarse de manera externa.

En el mercado se encuentran disponibles múltiples modelos que varían en potencia, calidad de audio, precio y tipo de conexión, y que se adaptan a diferentes usos (domésticos, multimedia o profesionales).

En cuanto a su conexión, predominan las opciones inalámbricas mediante *bluetooth* y las conexiones digitales USB. El clásico conector *Jack,* aunque todavía presente, está en retroceso en portátiles y dispositivos móviles.

⊃ **Auriculares.** Cumplen la misma función que los altavoces, pero de forma individual, ya que permiten escuchar el sonido de manera privada y sin generar ruido en el entorno.

Se consideran unos periféricos de salida muy utilizados, tanto en el ámbito personal como en el profesional, sobre todo en videoconferencias, entornos de teletrabajo y actividades de ocio digital.

Existen diferentes tipos de auriculares:

◊ Con cable: suelen conectarse mediante *Jack* de 3,5 mm o puertos USB A en caso de auriculares profesionales o de gama *gaming*, y mediante USB C para portátiles, dispositivos móviles y similares.

◍ Inalámbricos: utilizan principalmente tecnología *bluetooth*, que los convierte en la opción más extendida en la actualidad.

◍ Diadema o circumaurales: cubren la oreja completa y ofrecen mayor aislamiento sonoro.

◍ Intraurales *(in-ear):* se insertan en el canal auditivo, y son más ligeros y portátiles.

Algunos modelos incluyen micrófono integrado, lo que los convierte en dispositivos mixtos de entrada y salida.

 SABÍAS QUE...

La **pulgada** es la unidad de medida utilizada para indicar la longitud de la diagonal de la pantalla. Una pulgada equivale a 2,54 cm. Así, cuando se habla de un monitor de 24 pulgadas, significa que la distancia entre dos esquinas opuestas de la pantalla mide aproximadamente 61 centímetros.

Por su parte, **píxel** es la abreviatura de *picture element* (elemento de imagen). Se trata de la unidad mínima que forma una imagen digital. Cada píxel es un punto que contiene un color determinado y, al combinarse con millones de otros píxeles, construye las imágenes que se observan en la pantalla. Cuantos más píxeles tiene un monitor, mayor es su resolución y nitidez.

 **PARA SABER MÁS**

Amplía tu conocimiento sobre los diferentes tipos de puertos USB en este artículo.

https://redirectoronline.com/3001010106

De entrada/salida

Los periféricos mixtos, o de entrada/salida, reciben este nombre porque, en función de la tarea que desempeñen, pueden actuar tanto de entrada como de salida.

Entre los más comunes se encuentran:

⊃ **Impresoras multifunción.** Integran en un solo dispositivo varias funciones: impresión, escaneo y copia, además de fax en algunos modelos, aunque este uso es cada vez menos frecuente. La mayoría de estas impresoras incorporan conexión inalámbrica (wifi, wifi *Direct* o *AirPrint)*, lo que facilita la impresión desde distintos dispositivos y su integración con servicios en la nube.

⮕ **Módem.** Su función principal consiste en transformar señales analógicas en digitales, o viceversa, según la dirección del flujo de datos. Aunque los módems tradicionales para llamadas telefónicas han quedado obsoletos, el término se mantiene en los módem-*routers* actuales, que gestionan conexiones de banda ancha mediante ADSL, fibra óptica o redes móviles (4G/5G).

⮕ **Unidad óptica.** Permite leer y grabar información en soportes ópticos como CD, DVD o *Blu-ray*. En el pasado eran esenciales para instalar *software* o reproducir archivos multimedia, pero hoy su uso ha disminuido debido a las descargas digitales, los instaladores integrados en dispositivos y el almacenamiento en la nube. Actualmente suelen presentarse como unidades externas portátiles, conectadas al equipo mediante USB, únicamente cuando es necesario.

⮕ **Unidades de almacenamiento externo.** Incluyen memorias USB *(pendrives),* tarjetas de memoria, discos duros externos y unidades SSD portátiles. Estos dispositivos permiten transferir datos en ambas direcciones, ya sea desde el ordenador hacia el periférico o a la inversa. La tendencia actual favorece el uso de SSD externos, más rápidos y resistentes que los discos duros mecánicos tradicionales, así como el almacenamiento en la nube, que en muchos casos ha reemplazado a los soportes físicos.

 ACTIVIDAD 1

En la empresa textil Retales S. L. se están instalando nuevos ordenadores para implementar un sistema de gestión de almacén. Al conectar uno de los equipos a la red mediante un cable *Ethernet,* el sistema no logra conectarse al servidor. Sin embargo, en otros puestos de trabajo la red funciona correctamente. ¿Qué acciones podrían ayudar a determinar si el fallo está relacionado con el conector de *Ethernet* o con el cable de red?

 APLICACIÓN PRÁCTICA

En el almacén de Retales S. L. se están instalando periféricos para apoyar el nuevo sistema de gestión. El equipo técnico debe clasificar correctamente varios de estos periféricos para poder realizar el pedido. En concreto, se trata de un escáner de códigos de barras, una impresora multifunción y unos auriculares con micrófono, que se usarán en las videoconferencias con proveedores. ¿Qué opciones describen adecuadamente el papel de estos periféricos en el sistema?

Continúa en página siguiente >>

<< Viene de página anterior

Solución

El escáner de códigos de barras introduce información en el sistema al digitalizar los productos, por lo que corresponde a un periférico de entrada. La impresora multifunción combina funciones de impresión (salida) con escaneo y copia (entrada), de modo que es un periférico mixto. Los auriculares con micrófono cumplen una doble función: reproducen sonido (salida) y captan voz (entrada), por lo que también se consideran mixtos. En cambio, no es correcto afirmar que todos son periféricos de salida, ya que no todos transmiten únicamente información hacia el exterior.

---

4. *Software*

👉 HILO CONDUCTOR

La implantación del nuevo sistema de gestión de almacenaje en Retales S. L. supone la adquisición e instalación de un *software* en sí mismo. Este programa de gestión es muy importante en cuanto a operatividad y eficiencia en el almacenaje se refiere, por lo que su elección resulta decisiva, ya que de su compatibilidad, funcionalidad y facilidad de uso dependerá la eficiencia del nuevo sistema.

El término *software* alude al componente lógico de un equipo informático, aunque de manera literal se traduce como la "parte blanda" del sistema.

Representa el componente lógico del sistema informático, y existe un *software* específico para cada tarea que deba realizarse.

DEFINICIÓN

Software
Conjunto de programas, instrucciones y reglas informáticas que permiten a un equipo electrónico ejecutar tareas específicas, gestionar sus recursos y facilitar la interacción entre el *hardware* y el usuario.

De forma general, el *software* recibe las instrucciones que se introducen, las interpreta y genera una respuesta. Ahora bien, este proceso varía en función de la finalidad de cada programa, lo que permite clasificarlo en tres grandes grupos:

- **⊃ *Software* de sistema o base.** El *software* de sistema constituye el núcleo de funcionamiento de cualquier ordenador. Sin él, un equipo carecería de utilidad, dado que actúa como motor de ejecución y permite la interacción entre el *hardware* y el *software* de aplicación.
  En el uso cotidiano, un usuario estándar apenas percibe su presencia, ya que opera de manera casi independiente y no requiere una intervención constante. En cambio, para un programador, el *software* de sistema proporciona entornos, herramientas y datos técnicos necesarios para el desarrollo de proyectos y la gestión de los componentes del ordenador. Dentro de este grupo destacan los siguientes elementos:

  - ◊ Sistema operativo. El sistema operativo es el *software* fundamental que posibilita la ejecución del resto de programas. A menudo se confunde con el *software* de sistema en su conjunto, pero constituye solo una parte de él. Su relevancia radica en que garantiza que todas las aplicaciones funcionen correctamente sobre el equipo. Dada su importancia, se desarrollará más adelante.
  - ◊ Controladores o *drivers*. Los controladores permiten la conexión y compatibilidad de dispositivos periféricos con el ordenador. Cada componente externo —como impresoras, escáneres o tarjetas de memoria— requiere un *driver* específico para operar en el sistema.
  - ◊ Herramientas de diagnóstico, corrección y optimización. Este conjunto de programas está orientado a la mejora y al mantenimiento del sistema. Incluye antivirus, limpiadores de archivos temporales, gestores de *cookies,* herramientas de corrección de errores y programas para la reestructuración del disco.

⊃ **Software de programación.** Facilita la comunicación entre programadores y equipos informáticos. Actúa como traductor mediante lenguajes específicos, permitiendo el desarrollo y el ajuste de aplicaciones.
Existen múltiples herramientas dentro de este grupo, entre las que destacan:

◊ Procesadores de lenguaje. Convierten el código escrito en un lenguaje comprensible para el ordenador, traduciendo las instrucciones al lenguaje de máquina.
◊ Depuradores. Localizan y muestran errores en el código *(bugs),* facilitando su corrección.
◊ Enlazadores. Integran y unifican los diferentes fragmentos de código que forman un *software,* garantizando su funcionamiento coherente.

⊃ **Software de aplicación.** Constituye el conjunto de programas que resultan de mayor utilidad para el usuario final, ya que permiten realizar tareas concretas sobre el sistema operativo.
Estos programas son numerosos y especializados, por lo que cada necesidad suele requerir uno diferente. En un equipo informático estándar pueden encontrarse:

◊ Navegadores web
◊ Gestores de archivos
◊ Procesadores de texto, hojas de cálculo y visores de documentos
◊ Reproductores multimedia para audio, vídeo e imágenes
◊ Calculadoras y aplicaciones de gestión numérica
◊ Herramientas de dibujo y edición fotográfica
◊ Clientes de correo electrónico

4.1. Conocimiento básico de sistemas operativos

El **sistema operativo (SO)** es el *software* fundamental que gestiona los recursos de un ordenador y hace posible la interacción entre el *hardware* y el resto de programas.

Sin un sistema operativo un equipo no podría funcionar, ya que este constituye la base sobre la que se ejecutan las aplicaciones.

El sistema operativo es el *software* encargado de coordinar todos los procesos que se ejecutan en un equipo informático. Dichos procesos pueden ser iniciados por el usuario o pueden ser iniciados de manera automática por parte del propio sistema.

Estos procesos y **funciones** del sistema operativo pueden agruparse de la forma que sigue:

Administración de los recursos del equipo
- El sistema operativo gestiona de forma equilibrada la CPU, la memoria RAM, los dispositivos de entrada y salida, así como los archivos y procesos en ejecución. Esta coordinación asegura que los recursos se utilicen de manera eficiente, evitando conflictos o sobrecargas.

Ejecución y control de aplicaciones
- Permite que los programas se inicien, funcionen y finalicen de acuerdo con las necesidades del usuario y del sistema. Supervisa su comportamiento para garantizar que las aplicaciones no interfieran entre sí y que se mantenga la estabilidad del equipo.

Establecimiento de prioridades en el uso de la memoria
- Determina qué aplicaciones o procesos deben recibir preferencia en la asignación de memoria RAM. De este modo, se optimiza la velocidad de respuesta del sistema y se garantiza que las tareas críticas dispongan de los recursos necesarios.

Continúa en página siguiente >>

<< Viene de página anterior

Desarrollo de una interfaz de usuario
- Proporciona entornos accesibles —como escritorios, menús o ventanas— que permiten la interacción sencilla entre el usuario y el equipo. Con ello, se facilita el acceso a programas, la gestión de archivos y la configuración del sistema.

Creación de entornos seguros de trabajo
- Protege la integridad de los datos y restringe accesos no autorizados mediante contraseñas, permisos y protocolos de seguridad. Además, implementa medidas de control para prevenir fallos y amenazas externas que puedan afectar al sistema.

Para cumplir con las funciones anteriores, los sistemas operativos incorporan los siguientes **componentes:**

- **El núcleo** *(kernel).* Es el componente central encargado de administrar los recursos, coordinar procesos y permitir la comunicación entre *hardware* y *software.* Su acceso está restringido para preservar la estabilidad del sistema.
- **Sistema de archivos.** Organiza y estructura los archivos en jerarquías lógicas, asignando espacio y ubicación. Cada sistema operativo soporta distintos formatos: en *Windows* destacan FAT, FAT32, NTFS y exFAT; en *Linux* son habituales ext3, ext4, Btrfs o XFS; y en *macOS* se emplea APFS.
- **Intérprete de comandos** *(shell).* Traduce las instrucciones introducidas por el usuario a un lenguaje comprensible para el sistema. Algunos ejemplos habituales son *Bash* en *Linux, PowerShell* en *Windows* o *Zsh* en sistemas *Unix.*
- **Gestor de recursos.** Administra los procesos en ejecución y los recursos que estos consumen, como memoria, periféricos o dispositivos de almacenamiento, garantizando un uso eficiente.
- **Sistema de comunicaciones.** Regula la transmisión de datos entre procesos y a través de la red, mediante mecanismos como IPC *(inter-process communication)* y protocolos de comunicación externos.
- **Programas del sistema.** Incluyen utilidades y herramientas que acompañan al sistema operativo, como exploradores de archivos, configuradores de red, gestores de tareas o aplicaciones de administración.
- **Gestión de la memoria principal y secundaria.** Distribuye los datos entre memoria RAM y almacenamiento secundario. Para ampliar la capacidad de la memoria principal se utiliza la memoria virtual, que reserva espacio en disco o SSD para simular más memoria disponible.

● **Sistema de protección.** Integra mecanismos de seguridad orientados a salvaguardar datos y procesos. Incluye permisos de usuario, aislamiento de tareas, auditoría de accesos y protocolos que impiden la manipulación no autorizada.

PARA SABER MÁS

Comprende mejor la relación de dependencia entre el *software* y el *hardware* a través de los sistemas operativos en este artículo de IBM.

https://redirectoronline.com/3001010107

Así, las características de cada sistema operativo lo definirán en cuanto a arquitectura, organización y administración de recursos, entre otros.

DEFINICIÓN

Arquitectura de sistemas operativos
Estructura interna sobre la que se organiza y diseña un sistema operativo, que determina cómo se gestionan los recursos del equipo, cómo se comunican los distintos componentes del *hardware* y *software*, y de qué forma se ejecutan los procesos.

Según dichas características, podemos encontrar estos **tipos de sistemas operativos:**

Según su arquitectura
- Se diseñan en función del número de bits que soportan, lo que determina su capacidad de procesamiento y la cantidad de memoria direccionable. Durante años coexistieron sistemas de 32 y 64 bits, pero en la actualidad la mayoría son de 64 bits. Las referencias a 128 bits son más teóricas que prácticas en entornos de uso general, ya que en equipos de uso cotidiano es difícil encontrarlos.

Según su ubicación
- Implica que el SO se desarrolla específicamente para ciertos dispositivos, como ordenadores personales, móviles, tabletas o videoconsolas. Existen, además, los sistemas embebidos, que están presentes en dispositivos electrónicos específicos —como automóviles, electrodomésticos o cajeros automáticos— en los que el sistema operativo está integrado en el propio aparato.

Según cómo gestiona las tareas
- Pueden ser monotarea, cuando ejecutan un único proceso de forma secuencial, o multitarea, cuando permiten la ejecución simultánea de varios. La multitarea puede ser cooperativa, cuando los programas liberan voluntariamente el control, o preventiva, cuando el propio sistema decide qué proceso debe ejecutarse en cada momento.

Según el número de usuarios simultáneos que permite
- Hay sistemas monousuario, en los que solo una persona accede al sistema, o multiusuario, que permiten a varios usuarios trabajar de manera simultánea. En este último caso, el sistema operativo debe garantizar el aislamiento de las sesiones y la seguridad de los datos.

Según la administración de recursos
- Los sistemas centralizados gestionan únicamente los recursos de un solo equipo, mientras que los sistemas distribuidos coordinan varios ordenadores conectados entre sí. Actualmente, el modelo más avanzado se encuentra en los sistemas distribuidos en la nube, que gestionan recursos de forma global en centros de datos y ofrecen servicios de manera escalable.

Según su coste
- Pueden ser de pago, como *Windows* o *macOS*, que funcionan con licencias y código cerrado; o libres, como *GNU/Linux*, que permiten acceder y modificar el código fuente. Además, existen modelos intermedios, como el software *freemium*, que ofrece una versión gratuita con funciones básicas y un acceso de pago a características avanzadas.

Ahora bien, si tenemos en cuenta su nombre comercial, los **sistemas operativos más conocidos** son:

➲ **Sistemas operativos para ordenadores:**

   ◔ *Windows.* Es uno de los sistemas más utilizados en ordenadores personales y en entornos profesionales. Nació como interfaz gráfica para MS-DOS y se consolidó con *Windows 95.* Desde entonces, ha evolucionado de forma continua, incorporando mejoras en rendimiento, seguridad e interfaz.
   Actualmente coexisten *Windows 10,* todavía con gran implantación, y *Windows 11,* lanzado en 2021. *Microsoft* ha anunciado el próximo lanzamiento de *Windows 12,* lo que refleja su estrategia de actualización periódica.
   Es un sistema de código cerrado y requiere licencia de uso.
   ◔ **GNU/***Linux.* Es un sistema de código abierto con múltiples distribuciones, como *Ubuntu, Debian* o *Fedora.* Su flexibilidad lo ha convertido en el sistema dominante en servidores y sistemas embebidos.
   Aunque su presencia en ordenadores personales es menor, cuenta con una amplia comunidad de desarrollo.
   Conviene destacar que *Android* utiliza el *kernel* de *Linux* adaptado, aunque no incluye el conjunto de herramientas GNU, por lo que no se considera un GNU/*Linux* completo.
   ◔ *macOS.* Es el sistema operativo desarrollado por *Apple* e instalado en sus equipos *Macintosh.* Basado en *Unix,* un antiguo sistema operativo, se caracteriza por su estabilidad, seguridad y diseño orientado a la productividad.
   Desde 2020, su evolución está marcada por la transición hacia los procesadores *Apple Silicon* (M1, M2, M3), que sustituyen progresivamente a la arquitectura *Intel. macOS* constituye la principal competencia de *Windows* en el ámbito de los sistemas de escritorio.

➲ **Sistemas operativos para dispositivos móviles:**

   ◔ *Android.* Desarrollado por *Google* sobre la base del *kernel* de *Linux,* es el sistema operativo móvil más utilizado a nivel mundial. Además de en *smartphones,* se utiliza en tabletas, televisores y otros dispositivos inteligentes.
   ◔ *iOS.* Exclusivo de *Apple,* se emplea en *iPhone* e *iPad.* Desde 2019, *Apple* ofrece *iPadOS* como versión adaptada a tabletas, con funciones específicas de productividad. *iOS* constituye el principal competidor de *Android.*
   ◔ *Windows Phone.* Fue la adaptación de *Windows* a dispositivos móviles. *Microsoft* cesó su soporte en 2019, y quedó en desuso.

◑ **BlackBerry OS.** Sistema desarrollado por *BlackBerry,* centrado en la seguridad y la gestión profesional. Su desarrollo finalizó en 2022, y la compañía orientó su negocio hacia soluciones de *software* y servicios empresariales.

 TAREA 1

Como ya sabemos, en la empresa Retales S. L. se ha instalado un nuevo sistema de gestión de almacén. Para que este funcione de manera correcta, los ordenadores necesitan distintos tipos de *software* que permitan:

- Ejecutar el sistema operativo *Windows 11.*
- Instalar y utilizar aplicaciones como el correo electrónico, la mensajería interna, el sistema de gestión de almacén, etc.
- Gestionar los recursos del equipo y facilitar la comunicación con el *hardware.*

Para que la formación del personal sea óptima, el responsable del proyecto debe explicar qué tipos de *software* intervienen en este proceso y cuál es su función. ¿Podrías indicar qué tipos de *software* debe destacar y las funciones que realizará cada uno de ellos?

5. Resumen

La informática constituye una disciplina esencial en la sociedad actual, ya que permite el tratamiento automatizado de la información mediante sistemas informáticos. Gran parte de las actividades personales, profesionales y empresariales dependen hoy de estos sistemas, que aportan rapidez, fiabilidad y seguridad en la gestión de datos.

Un **sistema informático** se compone de un *hardware* y un *software,* que son manipulados por un usuario final. Por este motivo, para garantizar su funcionamiento, es necesario comprender tanto los elementos físicos como los lógicos y cómo se interrelacionan.

El *hardware* es la parte física y tangible de un ordenador. Está formado por múltiples componentes que, aunque se clasifican en distintas categorías, dependen unos de otros para funcionar:

Hardware de soporte

- Placa base
- *Chipsets*
- Buses
- Ranuras y puertos de expansión
- Carcasa o chasis
- Conectores
- Zócalos del procesador

Hardware de procesamiento

- CPU (unidad central de procesamiento)
- GPU (unidad de procesamiento gráfico)
- Coprocesadores
- Procesadores digitales de señales (DSP)

Hardware de almacenamiento

- Memoria principal: RAM, caché
- Memoria secundaria: discos duros, SSD
- Memoria virtual

Hardware de energía

- Fuente de alimentación
- Sistemas de refrigeración

Hardware de comunicación

- Dispositivos de transmisión y recepción de datos
- Conectividad local y global

Periféricos

- De entrada: teclado, ratón, escáner, micrófono
- De salida: monitor, impresora, altavoces
- De entrada/salida: impresoras multifunción, unidades ópticas, discos externos

Por su parte, el **software** corresponde al componente lógico del sistema informático y está formado por programas, instrucciones y reglas que gestionan los recursos, permiten la comunicación con el *hardware* y hacen posible la ejecución de tareas específicas.

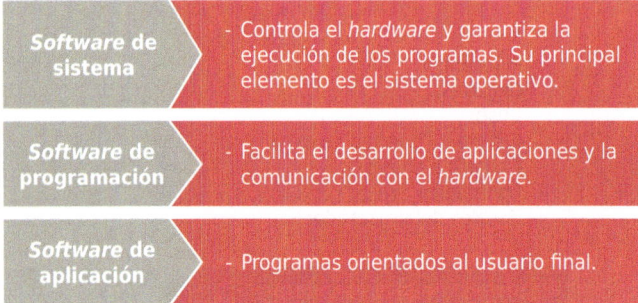

Software de sistema	- Controla el *hardware* y garantiza la ejecución de los programas. Su principal elemento es el sistema operativo.
Software de programación	- Facilita el desarrollo de aplicaciones y la comunicación con el *hardware*.
Software de aplicación	- Programas orientados al usuario final.

En función de sus características, los sistemas operativos se **clasifican** por la arquitectura, la gestión de tareas, el número de usuarios simultáneos que permiten, la administración de sus recursos o por su coste.

Cada sistema operativo estará configurado por estas características, lo que lo hará adecuado para distintos dispositivos y contextos.

Ejercicios de autoevaluación
Unidad de Aprendizaje 1

1. Determina si la siguiente afirmación es verdadera o falsa: "Etimológicamente, el término *informática* proviene del francés *informatique*".

   ■ Verdadero
   ■ Falso

2. ¿Cuáles son los componentes de un sistema informático?

   a. *Hardware*
   b. *Software*
   c. Código
   d. Componente humano

3. Determina si la siguiente afirmación es verdadera o falsa: "La pulgada es la unidad mínima que forma una imagen digital".

   ■ Verdadero
   ■ Falso

4. Los modelos arquitectónicos que inspiran el diseño de *hardware* utilizado hoy día son:

   a. El modelo Oxford
   b. La arquitectura Cambridge
   c. La arquitectura Princeton
   d. El modelo Harvard

5. ¿Qué tipo de *hardware* posee componentes que cumplen la función de interconectar, organizar y dar estructura física al resto de los elementos del ordenador?

   a. El *hardware* de comunicación
   b. El *hardware* de procesamiento
   c. El *hardware* de soporte
   d. El *hardware* de energía

6. El conector EPS, ¿de qué tipo es?

    a. Específico
    b. De datos
    c. De vídeo y audio
    d. Interno de energía

7. Determina si la siguiente afirmación es verdadera o falsa: "Los pines son las clavijas que componen los diferentes conectores utilizados en los sistemas informáticos".

    ■ Verdadero
    ■ Falso

8. ¿Cuáles son los fallos más habituales de un conector USB?

    a. El puerto está flojo.
    b. El cable está dañado.
    c. El contacto está sucio.
    d. Tiene daños físicos.

9. ¿A qué tipo de memoria pertenece la memoria RAM?

    a. A la memoria principal
    b. A la memoria secundaria
    c. A la memoria óptica
    d. A la memoria virtual

10. Indica cuáles de estos *software* forman parte del *software* de programación:

    a. *Drivers*
    b. Procesadores de lenguaje
    c. Depuradores
    d. Enlazadores

Aplicaciones informáticas/ ofimáticas

Contenido

Objetivos

Los objetivos específicos de esta Unidad de Aprendizaje son:

→ Identificar las aplicaciones dentro del sistema informático, así como su localización dependiendo de los sistemas operativos utilizados.

→ Reconocer la utilidad y aplicación de las aplicaciones informáticas en diferentes ámbitos, así como los posibles errores de funcionamiento y configuración.

1. Introducción

Las aplicaciones informáticas constituyen uno de los pilares fundamentales en el uso cotidiano de los sistemas informáticos. Son programas diseñados para ejecutar tareas específicas y facilitar que los usuarios puedan interactuar de forma sencilla con el *hardware* y el sistema operativo. Su importancia radica en que transforman un equipo en una herramienta versátil, capaz de adaptarse a las necesidades de distintos entornos profesionales y personales.

En la actualidad, el nivel de especialización alcanzado por las aplicaciones es muy elevado. Existen programas orientados a la gestión empresarial, al diseño gráfico, a la comunicación o al entretenimiento, entre muchos otros. Cada categoría responde a un propósito definido, lo que permite optimizar el rendimiento y mejorar la productividad en distintos ámbitos.

Dentro del sistema informático, las aplicaciones actúan como el eslabón visible entre los usuarios y el dispositivo, ya que convierten los recursos técnicos en soluciones prácticas. Esta función es especialmente relevante en las organizaciones, donde el trabajo en equipo y la eficiencia dependen de herramientas fiables y adaptadas a la actividad que se desarrolla.

En el caso de empresas como Retales S. L., la implantación de un nuevo sistema de gestión de almacén se apoya en aplicaciones que centralizan los procesos, evitan duplicidades de información y facilitan la toma de decisiones. De esta manera, las aplicaciones no solo cumplen un papel de apoyo, sino que se convierten en instrumentos estratégicos para la competitividad y la innovación empresarial, tal y como se verá a lo largo de la unidad.

2. Qué son las aplicaciones en informática

☞ HILO CONDUCTOR

En Retales S. L., la implantación del nuevo sistema de gestión de almacén requiere aplicaciones informáticas capaces de organizar inventarios, controlar pedidos y facilitar la comunicación interna. Comprender qué son estas aplicaciones permite valorar su papel esencial dentro del sistema informático de la empresa.

A diferencia del sistema operativo, que actúa como intermediario entre el *hardware* y el usuario, **las aplicaciones se orientan a resolver necesidades concretas:** redactar un documento, editar una imagen, gestionar datos, enviar mensajes o controlar procesos empresariales.

 **DEFINICIÓN**

Aplicación informática

Son programas diseñados para ejecutar tareas específicas en un sistema informático.

Sin este tipo de herramientas, la operatividad del sistema informático quedaría limitada, ya que no existiría una vía clara para transformar los recursos técnicos en soluciones prácticas.

Esta es solo una de las muchas **características** que poseen las aplicaciones, entre las que destacan las siguientes:

Posee una finalidad específica
- Cada aplicación está diseñada con un propósito concreto, como calcular, comunicar, crear o gestionar.

Se maneja a través de una interfaz de usuario
- Incorporan menús, botones y opciones que facilitan la interacción directa con el programa.

Tienen amplia compatibilidad con el sistema operativo
- Funcionan sobre una plataforma concreta *(Windows, macOS, Android, iOS)*, lo que determina su instalación y uso.

Su actualización es continua
- Se perfeccionan mediante mejoras de seguridad, nuevas funciones y corrección de errores.

Diversidad y especialización
- Abarcan múltiples ámbitos, desde la productividad y la gestión empresarial hasta el ocio y el entretenimiento.

Continúa en página siguiente >>

<< Viene de página anterior

> **Accesibilidad**
> - Pueden instalarse de forma local en un dispositivo o bien utilizarse en la nube mediante servicios *online*.

2.1. Dónde encontrar las aplicaciones en los principales sistemas operativos

Las aplicaciones informáticas, **una vez instaladas, se integran en el sistema operativo** y quedan accesibles a los usuarios a través de menús y espacios específicos. Localizarlas de manera rápida resulta fundamental para optimizar el trabajo y evitar pérdidas de tiempo en la gestión diaria de tareas.

En nuestro caso, nos centraremos en los **sistemas operativos más utilizados:** *Windows* y *macOS.* Tanto en uno como en otro existen zonas diferenciadas que facilitan este acceso.

➲ *Windows:*

   ◗ **Lista de aplicaciones.** Las aplicaciones pueden encontrarse principalmente en el menú de inicio, que ofrece una lista de aplicaciones ordenada alfabéticamente.
   Esta lista muestra todos los programas instalados en el equipo y permite buscar rápidamente el deseado mediante el cuadro de búsqueda incorporado.
   En la zona superior pueden diferenciarse uno o dos apartados: uno destinado a las aplicaciones más usadas y otro dedicado a las que se han instalado recientemente.
   ◗ **Zona de baldosas.** El menú de inicio incluye los *Tiles* de *Windows* (zona de baldosas o mosaicos), donde se pueden anclar accesos directos a las aplicaciones de uso más frecuente. Estas baldosas son personalizables: se pueden mover, redimensionar o eliminar según las preferencias de cada usuario. Incluso algunas muestran información en tiempo real, como las condiciones meteorológicas o notificaciones de correo electrónico.
   Esta doble forma de acceso (lista y baldosas) facilita tanto la organización como la inmediatez, adaptándose a diferentes estilos de trabajo.

◌ macOS:

◍ **Finder y Launchpad.** *Finder* es el explorador de archivos de *macOS*. Permite acceder a todos los contenidos del ordenador: documentos, carpetas, dispositivos externos y, dentro de la carpeta Aplicaciones, a todos los programas instalados. Su función principal es la organización y gestión de archivos y programas, ofreciendo una visión jerárquica similar al explorador de *Windows*.

Por su parte, *Launchpad* es un entorno visual diseñado exclusivamente para mostrar las aplicaciones instaladas. Presenta los iconos de las *apps* en una cuadrícula, de forma muy similar a la pantalla de inicio de un *iPhone* o un *iPad*. Desde allí se pueden abrir aplicaciones directamente o reorganizarlas en carpetas. Está pensado para un acceso rápido y visual, más intuitivo que el *Finder* cuando el objetivo es solo abrir una aplicación. Desde aquí será posible mover aplicaciones al *Dock*.

◍ **Dock.** El *Dock*, situado habitualmente en la parte inferior de la pantalla, aparece como una barra, y permite acceder con un solo clic a las aplicaciones más utilizadas. Además, puede personalizarse para añadir o eliminar iconos según las preferencias del usuario, e incluso muestra las aplicaciones abiertas en ese momento.

La combinación de *Finder* y *Dock* proporciona una navegación intuitiva, al mismo tiempo que garantiza un acceso rápido a las herramientas necesarias para el trabajo diario.

La zona de baldosas de Windows también recibe el nombre de Live Tiles. Tras su implantación, no tuvieron muy buena acogida, por lo que Windows se plantea cambiar esta zona.

 **VÍDEO**

Aprende a manejarte en la carpeta Aplicaciones de *Mac* con este vídeo.

https://redirectoronline.com/3001010201

 APLICACIÓN PRÁCTICA

En la oficina central de Retales S. L. se han incorporado nuevos ordenadores con sistemas operativos distintos: algunos con *Windows* y otros con *macOS*, ya que han considerado que cada uno de ellos será adecuado para tareas diferentes. Para optimizar el tiempo y las tareas, el personal necesita saber cómo localizar y abrir las aplicaciones en cada sistema. ¿Qué opciones serían correctas para acceder a las aplicaciones según el sistema operativo?

a. **En *Windows*, abrir el menú Inicio y consultar la lista alfabética de aplicaciones instaladas.**
b. **En *Windows*, utilizar la zona de baldosas para acceder a accesos directos personalizables.**
c. **En *macOS*, abrir la carpeta Aplicaciones mediante el *Finder.***
d. **En *macOS*, acceder al *Dock*, que contiene todas las aplicaciones instaladas.**

Solución

Las opciones correctas son la a, b y c. En *Windows,* las aplicaciones pueden abrirse desde la lista alfabética del menú **Inicio** o mediante la zona de baldosas con accesos directos personalizables. En *macOS,* se accede a ellas desde la carpeta Aplicaciones a través del *Finder.* El *Dock,* en cambio, no contiene todas las aplicaciones instaladas, sino solo aquellas fijadas por el usuario o en ejecución en ese momento.

2.2. Errores más comunes en el funcionamiento de las aplicaciones

El funcionamiento de las aplicaciones informáticas no siempre es estable y continuo. En ocasiones, se producen incidencias que dificultan su uso y que pueden deberse tanto a fallos en la interacción de los usuarios con el programa como a problemas técnicos en la configuración o instalación. Conocer estos errores permite anticiparse y aplicar medidas de prevención o corrección adecuadas.

 SABÍAS QUE...

Los errores humanos en el uso de las aplicaciones representan hasta el 80 % de los fallos en los procesos.

Los errores más comunes son:

- **Errores de uso.** Los errores de uso tienen su origen en la interacción de los usuarios con la aplicación. Entre los más frecuentes destacan:

  - Sobrecarga de procesos: sucede al intentar ejecutar varias tareas simultáneamente, lo que provoca bloqueos o lentitud.
  - Cierre incorrecto: se produce al apagar el programa o el sistema sin cerrar previamente la aplicación, generando pérdida de datos o archivos dañados.
  - Desconocimiento de funciones: es el uso inadecuado de menús u opciones que puede derivar en modificaciones no deseadas.
  - Falta de actualización por parte del usuario: sucede tras ignorar notificaciones de mejoras, lo que aumenta el riesgo de errores o vulnerabilidades.

- **Errores de configuración e instalación.** Estos errores se producen cuando el programa no está correctamente instalado o cuando existen incompatibilidades técnicas. Suelen ser más complejos y requieren intervención técnica. Algunos ejemplos son:

  - Instalaciones incompletas: se producen, generalmente, debido a la existencia de archivos dañados durante la descarga o la copia del programa.
  - Incompatibilidad con el sistema operativo: ocurre cuando las aplicaciones están diseñadas para una versión concreta y, por tanto, no funcionan en versiones más antiguas o modernas.

◑ Problemas de permisos: son restricciones de acceso que impiden ejecutar o actualizar la aplicación.

◑ Falta de controladores: ausencia de componentes que permiten al programa comunicarse con el *hardware*.

◑ Conflictos con otras aplicaciones: son fallos que se dan al ejecutar programas simultáneamente debido a incompatibilidades.

⊃ **Errores técnicos.** Además de los errores de uso y de configuración, existen otros fallos más estructurales que también afectan a las aplicaciones:

◑ Errores de programación o de código: se producen durante la fase de desarrollo, cuando el programador introduce fallos lógicos o sintácticos que provocan comportamientos inesperados.

◑ Errores de diseño o de fabricación del *software*: derivados de una arquitectura deficiente o de pruebas insuficientes antes de su lanzamiento.

◑ Errores de actualización o mantenimiento: aparecen cuando una nueva versión de la aplicación genera incompatibilidades o elimina funciones previas necesarias.

◑ Errores de seguridad o vulnerabilidades: provocados por deficiencias que permiten accesos no autorizados, filtraciones de datos o ataques externos.

IMPORTANTE

Para comprender los errores de programación de una aplicación, debemos diferenciar entre fallo sintáctico, que evita que el programa arranque, y fallo lógico, que permite que el programa funcione, pero con resultados inesperados.

- -

ACTIVIDAD 2

En algunos de los ordenadores de la oficina central de Retales S. L. se ha instalado recientemente una aplicación para gestionar tareas. Antes de empezar a trabajar con ella, se recomienda comprobar que no presenta fallos frecuentes que puedan afectar a su uso, ya que, de lo contrario, toda la organización operativa se descuadraría. ¿Qué acciones deberían llevarse a cabo para verificar que la aplicación funciona de forma adecuada?

- -

3. Aplicaciones más usadas

☞ HILO CONDUCTOR

En Retales S. L., el trabajo diario no se limita a gestionar el almacén, sino que también implica redactar documentos, comunicarse con clientes y proveedores, diseñar materiales gráficos y mantener actualizado el sistema. Para estas tareas, se emplean aplicaciones informáticas cada vez más especializadas, que facilitan la productividad, la comunicación, el diseño y la gestión empresarial. Conocer cuáles son las más utilizadas en cada ámbito permite valorar su utilidad y aprovechar al máximo los recursos tecnológicos disponibles en la organización.

Las aplicaciones informáticas forman parte esencial del trabajo diario y de la vida personal de los usuarios.

A lo largo del tiempo, han evolucionado hasta alcanzar un alto grado de especialización, lo que permite disponer de programas adaptados a tareas concretas en ámbitos muy diversos. Esta especialización hace posible que se optimicen procesos, se mejore la comunicación y se incremente la productividad en diferentes entornos.

No todas las aplicaciones son aptas para todos los sistemas operativos, y no todos los sistemas operativos son adecuados para trabajar en todos los contextos, ya sean profesionales o personales.

Para facilitar su estudio, en este tema las aplicaciones se agruparán en **cuatro grandes categorías:**

Aplicaciones de productividad	Aplicaciones de diseño y multimedia	Aplicaciones de comunicación	Aplicaciones de gestión empresarial

Esta clasificación permitirá comprender mejor las funciones que desempeñan y la utilidad que aportan dentro del sistema informático.

3.1. Aplicaciones de productividad

Las aplicaciones de productividad son las destinadas a **facilitar las tareas más habituales del trabajo diario,** como la redacción de documentos, la gestión de información, la organización de archivos o la planificación de actividades.

IMPORTANTE

El objetivo principal de las aplicaciones de productividad es optimizar el tiempo y mejorar la eficiencia, independientemente del ámbito en el que se utilicen.

En la actualidad, este tipo de aplicaciones han adquirido un **papel fundamental en las empresas,** ya que permiten centralizar procesos, organizar tareas y mantener la información accesible.

Aunque cada sistema operativo incluye ciertas aplicaciones más o menos útiles para seguir la productividad de una empresa, es cierto que, de forma externa, encontramos herramientas mucho más específicas y versátiles.

Un buen ejemplo de ello son:

⊃ **Aplicaciones para la gestión de tareas y el control de procesos:**

◔ *Trello.* Aplicación multiplataforma disponible para *Windows, iOS* y navegador web. Permite organizar las tareas mediante tableros, listas y tarjetas. Su estructura visual facilita la planificación del trabajo diario, la asignación de responsables y el seguimiento de actividades logísticas o de mantenimiento.

◔ *Asana.* Disponible para *Windows, iOS* y versión web. Permite coordinar tareas, establecer plazos y visualizar el progreso de los procesos del almacén, como la recepción de mercancías, el control de inventario o las revisiones periódicas. Su sistema de notificaciones ayuda a mantener actualizada la información entre los distintos equipos de trabajo.

◔ *ClickUp.* *Software* de productividad compatible con *Windows, iOS* y acceso web. Permite gestionar proyectos, asignar responsabilidades y medir la carga de trabajo en tiempo real. Además, ofrece funciones de seguimiento de objetivos y generación de informes automáticos sobre el rendimiento del equipo.

⊃ **Aplicaciones para el registro de tiempos y el análisis de productividad:**

◔ *Clockify.* Disponible para *Windows, iOS* y navegador web. Registra el tiempo empleado en cada tarea y permite generar informes de productividad. En el contexto de un almacén, puede utilizarse para medir los tiempos dedicados a la recepción, el *picking* o el empaquetado, identificando así los puntos de mejora en el flujo de trabajo.

◔ *Toggl Track.* Aplicación multiplataforma compatible con *Windows, iOS* y versión web. Permite analizar el tiempo invertido en actividades específicas, comparar rendimientos entre turnos y detectar posibles ineficiencias operativas. Su interfaz sencilla facilita el uso incluso durante la jornada laboral.

⊃ **Aplicaciones para la gestión y el análisis de datos:**

◔ *Power BI.* Herramienta de análisis empresarial disponible en versión de escritorio para *Windows* y aplicación móvil para *iOS.* Permite crear paneles interactivos e informes visuales con datos relacionados con existencias, pedidos, tiempos de entrega o productividad. Facilita la toma de decisiones basadas en datos actualizados en tiempo real.

◔ *Tableau.* *Software* de análisis de datos compatible con *Windows* e *iOS.* Permite representar gráficamente los indicadores del almacén y generar cuadros de mando sobre movimientos de mercancías, niveles de *stock* o eficiencia operativa. Sus funciones de análisis predictivo ayudan a anticipar necesidades logísticas.

➲ **Aplicación para la recepción de pedidos:**

    ◑ *Zoho Inventory.* Herramienta de gestión de inventarios y pedidos disponible para *Windows* (vía navegador) y aplicación nativa para *iOS.* Permite controlar existencias, gestionar pedidos de clientes, registrar movimientos de entrada y salida, y coordinar envíos desde un único entorno. Es especialmente útil para empresas que gestionan múltiples canales de venta o almacenes descentralizados.

➲ **Aplicaciones para la emisión de facturas y documentos comerciales:**

    ◑ *Billin. Software* de facturación en la nube compatible con *Windows* (mediante navegador) y aplicación móvil para *iOS.* Permite crear y enviar facturas, presupuestos y albaranes, así como consultar el estado de cobros y pagos. Su integración con otros sistemas contables facilita la gestión administrativa.

    ◑ *Contasimple.* Accesible desde navegador en *Windows* y con aplicación móvil para *iOS.* Permite crear facturas, presupuestos e informes de ingresos y gastos. Además, automatiza cálculos fiscales y genera informes contables útiles para el área administrativa.

    ◑ *Invoice2go.* Aplicación multiplataforma con versiones para *iOS* y acceso web desde *Windows.* Permite crear facturas, presupuestos y recibos en pocos pasos, incluso desde dispositivos móviles. Incluye funciones de personalización de plantillas y seguimiento del estado de pago.

    ◑ *MiFacturae.* Herramienta oficial del Ministerio de Hacienda español para la emisión y validación de facturas electrónicas. Funciona en *Windows* y puede utilizarse en dispositivos *iOS* a través del navegador web. Garantiza la compatibilidad con el formato Facturae exigido en la contratación pública.

En los sistemas operativos como *Windows* y *macOS* se incluyen aplicaciones básicas de productividad, a las que se suman herramientas más avanzadas según las necesidades de cada usuario o entorno laboral:

➲ **Para *Windows:***

    ◑ *Word/Writer.* Procesador de textos que permite crear, editar y dar formato a documentos. Es ampliamente utilizado para informes, trabajos académicos, cartas y documentos profesionales.

    ◑ *Excel/Calc.* Hoja de cálculo que facilita el análisis y la gestión de datos mediante fórmulas, gráficos y tablas dinámicas. Es esencial para tareas contables, estadísticas y de planificación.

- **PowerPoint/Impress.** Herramienta de presentaciones que posibilita crear diapositivas con texto, imágenes, vídeos y animaciones. Se emplea en exposiciones, clases y reuniones empresariales.
- **Planner.** Aplicación de planificación de tareas y proyectos, que permite asignar responsabilidades, establecer fechas y supervisar el progreso del equipo.
- **To Do.** Gestor de tareas personales que ayuda a organizar listas, establecer recordatorios y planificar actividades diarias.
- **OneDrive.** Servicio de almacenamiento en la nube que permite guardar, sincronizar y compartir archivos desde cualquier dispositivo con conexión a internet.
- **SharePoint.** Aplicación para crear sitios web y bibliotecas documentales, donde se centraliza la información y se gestiona el contenido compartido dentro de una organización.
- **Forms.** Herramienta para crear encuestas, cuestionarios y formularios en línea, cuyos resultados se recopilan y analizan de forma automática.
- **Microsoft Store.** Es un acceso directo a la tienda *online* de *Microsoft*. Desde aquí se distribuyen todos los productos de la marca, incluyendo dispositivos, accesorios, los *packs* corporativos como *Microsoft 365*, e incluso productos relacionados con *Xbox*.
- **Bloc de notas.** Es un editor de textos que se incluye con *Windows*, por lo que puede localizarse en la carpeta System 32.
  Da igual que el *Windows* instalado sea de 32 o de 64 bits. Esta carpeta siempre se va a llamar System 32.
  El *Bloc de notas* se caracteriza porque los documentos creados en él son de texto plano o, lo que es lo mismo, son textos que casi no incluyen formato, tipografía, ni caracteres de control.
  Elaborar grandes textos con él es demasiado incómodo para el usuario, por lo que se emplea, principalmente, para tomar pequeñas notas.
  Otro inconveniente es que si se intenta pegar algún párrafo o hipervínculo desde otro archivo o página web, todo formato desaparecerá, incluyendo la URL contenida.
  A pesar de su simplicidad, es posible encontrar varias pestañas en su barra de herramientas superior:

  - **Archivo:** Nuevo, Ventana nueva, Abrir, Guardar, Guardar como, Configurar página, Imprimir, Salir.
  - **Edición:** Deshacer, Cortar, Copiar, Pegar, Eliminar, Búsqueda con Bing, Buscar, Reemplazar, Ir a, Seleccionar todo, Hora y Fecha.
  - **Formato:** Ajuste de línea, Fuente.
  - **Ver:** *Zoom,* Barra de estado.
  - **Ayuda.**

◑ **Fax y escáner de _Windows_.** Es la aplicación de _Windows_ a través de la que —previa conexión del dispositivo idóneo— se pueden enviar y realizar faxes y escaneos o digitalizaciones.

Permite la gestión unitaria de estos dispositivos de entrada/salida. Una de sus ventajas es que se pueden enviar y recibir documentos por fax sin necesidad de tener un dispositivo para ello, conectando un módem al equipo. El escáner, en cambio, sí requiere un dispositivo específico.

◑ **_WordPad_.** Es de los primeros editores de texto que _Windows_ incluyó en sus sistemas. Se integra en los accesorios desde _Windows 95_.

Se encuentra a medio camino entre el _Bloc de notas_ y _Microsoft Word_. Soporta formato RTF, texto plano, caracteres de control ASCII y _Unicode_, y ciertas opciones de formato más avanzadas.

◑ **Aplicaciones auxiliares:**

- ⇳ 3D Builder
- ⇳ Asistencia rápida
- ⇳ Conexión a escritorio remoto
- ⇳ Grabaciones de acciones de usuario
- ⇳ Mapa de caracteres
- ⇳ Math Input Panel
- ⇳ Lupa
- ⇳ Narrador
- ⇳ Reconocimiento de voz
- ⇳ Teclado en pantalla

◑ **_Cortana_.** Es el asistente virtual de _Microsoft_. Su objetivo principal es aumentar la productividad del usuario, además de mejorar su experiencia con los productos _Microsoft_.

Entre sus funciones principales se encuentran:

- ⇳ La gestión del calendario y la agenda personal del usuario
- ⇳ La creación y administración de listas
- ⇳ La configuración de recordatorios y alarmas
- ⇳ La búsqueda de datos e información
- ⇳ La apertura de aplicaciones en el equipo

➲ **Para _macOS_:**

◑ **_Pages_.** Procesador de textos con plantillas prediseñadas, estilos tipográficos y opciones de exportación compatibles con _Word_.

◑ **_Numbers_.** Hoja de cálculo que permite trabajar con datos, tablas y gráficos de manera visual y colaborativa, compatible con _Excel_.

◑ **_Keynote_.** Aplicación para crear presentaciones dinámicas con animaciones, vídeos y efectos visuales, similar a _PowerPoint_.

۞ **App Store.** Es la tienda oficial de aplicaciones de *Apple* integrada en *macOS*. Desde ella pueden descargarse programas diseñados específicamente para este sistema operativo, tanto gratuitos como de pago. Incluye un catálogo variado que abarca desde herramientas de productividad hasta aplicaciones de diseño, comunicación o entretenimiento.

Además, la *App Store* centraliza la instalación de actualizaciones del sistema operativo y de las propias aplicaciones, lo que garantiza mayor seguridad y estabilidad. Al estar vinculada al *Apple* ID, permite sincronizar compras y descargas con otros dispositivos del ecosistema *Apple,* como *iPhone* o *iPad,* facilitando el uso de las mismas aplicaciones en distintos entornos.

۞ **Finder.** Es el explorador de archivos de *macOS*. Permite gestionar carpetas, unidades de almacenamiento, dispositivos externos y, dentro de la carpeta Aplicaciones, localizar todos los programas instalados. También facilita el uso de etiquetas de colores para clasificar documentos, la búsqueda avanzada con *Spotlight* y la vista en columnas para navegar fácilmente por directorios.

۞ **TextEdit.** Editor de texto incluido en *macOS*. Admite tanto texto plano como documentos enriquecidos (RTF), e incluso permite abrir y editar archivos en formato *Word.* Aunque es básico, incorpora herramientas de formato, listas y la opción de adjuntar imágenes. Se utiliza como alternativa ligera a procesadores más complejos.

۞ **Notas.** Aplicación integrada para apuntes rápidos, listas y recordatorios. Permite añadir imágenes, enlaces, tablas, casillas de verificación y hasta escanear documentos con la cámara del dispositivo. Su sincronización con *iCloud* hace posible acceder a la información desde cualquier dispositivo *Apple.*

۞ **Recordatorios.** Aplicación de gestión de tareas que permite organizar pendientes por listas, categorías y prioridades. Incorpora avisos basados en la hora, fecha o ubicación, y puede integrarse con *Siri* para añadir recordatorios por voz. Es muy utilizada en la planificación diaria.

۞ **Calendario.** Aplicación para organizar eventos, citas y reuniones. Se sincroniza con *iCloud, Gmail* y otros servicios, y permite compartir calendarios con otros usuarios. Incorpora avisos automáticos y vistas por día, semana o mes, lo que facilita la planificación profesional.

۞ **Archivos.** Aplicación que centraliza el acceso a los documentos almacenados localmente o en la nube *(iCloud, OneDrive, Dropbox,* etc.), favoreciendo la gestión documental.

۞ **iCloud Drive.** Servicio de almacenamiento en la nube que sincroniza archivos, notas, fotos y configuraciones entre todos los dispositivos *Apple.*

SABÍAS QUE...

En la carpeta System 32 se encuentran todos los archivos necesarios para que *Windows* funcione.

3.2. Aplicaciones de diseño y multimedia

Las aplicaciones de diseño y multimedia están pensadas para la **creación, edición y reproducción de contenidos visuales, sonoros y audiovisuales.** Estas herramientas permiten desarrollar desde imágenes y documentos gráficos hasta vídeos, animaciones o composiciones musicales, cubriendo así un amplio abanico de necesidades tanto personales como profesionales.

Su evolución ha estado marcada por la incorporación de funciones cada vez más intuitivas y accesibles, lo que ha ampliado su uso más allá de los entornos especializados.

SABÍAS QUE...

En la actualidad, estas y otras muchas aplicaciones se ven reforzadas por herramientas de inteligencia artificial, que facilitan tareas como la edición automática de imágenes, la mejora de calidad en audio y vídeo, la generación de diseños o la creación de contenidos personalizados. De este modo, se amplían sus posibilidades y se agiliza el proceso creativo.

En muchas ocasiones, los sistemas operativos incluyen asistentes de inteligencia artificial en sus aplicaciones de manera predeterminada.

Es habitual que aplicaciones que son muy conocidas o utilizadas en el mundo del diseño tengan una versión para cada sistema operativo, lo que las hace verdaderamente accesibles. Sin embargo, también es común que los desarrolladores de cada sistema operativo se encarguen de generar aplicaciones únicas y específicas para cada uno de ellos. En este caso, encontramos herramientas como:

⊃ **Para *Windows:***

⟀ ***Paint.*** Es la aplicación para crear o editar imágenes en este sistema. Incluye funciones como:

  ⟁ Crear y editar imágenes.
  ⟁ Pintura a mano alzada, relleno, recorte, formas básicas.
  ⟁ Cambiar extensión de una imagen (.jpg, .png).

⟀ ***Paint 3D.*** Creación en 2D y 3D, añadir efectos, texturas, selector mágico, trabajo con vídeos.
⟀ ***Windows Media Player.*** Reproductor multimedia de música, vídeos y DVD. Permite sincronizar y retransmitir en *streaming*.

⊃ **Para *macOS:***

⟀ ***Vista Previa (Preview).*** Permite visualizar y editar imágenes y documentos PDF. Entre sus funciones destacan la posibilidad de añadir anotaciones, subrayados y firmas digitales. También facilita la conversión de archivos, la exportación a diferentes formatos y la combinación de documentos PDF en uno solo.
⟀ ***Fotos.*** Aplicación para organizar y editar imágenes de forma sencilla. Incorpora herramientas de retoque, como recorte, filtros, ajuste de color y eliminación de imperfecciones. Además, crea álbumes automáticos y se sincroniza mediante *iCloud Photos,* permitiendo compartir con otros dispositivos.
⟀ ***iMovie.*** Programa de edición de vídeo intuitivo y potente. Incluye plantillas prediseñadas, transiciones, efectos de sonido y títulos. Permite exportar proyectos en resolución 4K y compartirlos directamente en plataformas como *YouTube* o *Vimeo.* Es ideal para la creación audiovisual básica y semiprofesional.

VÍDEO

Echa un vistazo a este vídeo y conoce algunas de las aplicaciones externas de diseño más utilizadas.

Continúa en página siguiente >>

<< Viene de página anterior

https://redirectoronline.com/3001010202

3.3. Aplicaciones de comunicación

Las aplicaciones de comunicación están diseñadas para **facilitar el intercambio de información entre usuarios,** ya sea mediante texto, voz, vídeo o datos. Estas herramientas permiten mantener el contacto en tiempo real, compartir documentos y coordinar actividades de manera ágil, lo que las convierte en un recurso imprescindible en la vida personal y profesional.

Para Windows, Microsoft Teams se ha convertido en la aplicación de comunicación por excelencia. En otros sistemas operativos, apps gratuitas y externas (como Slack, Zoom, o incluso WhatsApp) permiten la comunicación en tiempo real.

En un intento por hacer más competentes a los sistemas operativos, los desarrolladores crean diversas aplicaciones de comunicación, muy específicas, para cada uno de ellos. Sus funciones son diversas, y abarcan la búsqueda de información, su envío, el trabajo en común en tiempo real, e incluso permiten videollamadas y chats.

Las más populares de *Windows* e *iOS* son:

➲ **Para *Windows:***

➲ **Microsoft Edge.** Navegador basado en *Chromium,* con utilidades como lista de lectura, pestañas con vista previa, integración de *Cortana,* traducción simultánea, lector inmersivo, navegación privada y prevención de rastreo en varios niveles.
➲ **Outlook.** Centraliza cuentas de *e-mail* y contactos. Aplicación de correo electrónico y gestión del tiempo. Permite organizar la bandeja de entrada, crear calendarios, programar reuniones y administrar contactos.
➲ **Teams.** Es un centro digital para empresas, instituciones educativas y organizaciones, que facilita la colaboración en tiempo real mediante mensajería instantánea, videollamadas, reuniones virtuales y uso compartido de archivos.

➲ **Para *macOS:***

➲ **Safari.** Navegador web desarrollado por *Apple,* optimizado para velocidad y eficiencia energética. Incluye un lector de artículos que elimina distracciones, compatibilidad con extensiones y funciones de privacidad como la prevención inteligente de rastreo. También sincroniza pestañas y marcadores en todos los dispositivos *Apple.*
➲ **Mail.** Aplicación nativa de correo electrónico compatible con múltiples servicios *(iCloud, Gmail, Outlook).* Ofrece bandejas inteligentes, búsqueda avanzada y la posibilidad de configurar reglas automáticas. Se integra con *Contactos, Calendario* y *Notas,* lo que facilita el trabajo colaborativo.
➲ **Mensajes.** Permite enviar textos, fotos, vídeos, archivos y efectos visuales mediante *iMessage* o SMS. Se sincroniza con *iPhone* y *iPad,* permitiendo continuar conversaciones desde cualquier dispositivo *Apple.* Además, admite el uso de *apps* dentro de los mensajes, como *stickers* o pagos con *Apple Pay.*
➲ **FaceTime.** Aplicación para realizar llamadas de audio y videollamadas de alta calidad. Ofrece funciones como *FaceTime* en grupo con hasta 32 participantes, subtítulos en vivo y compatibilidad con efectos de cámara. Su integración con los contactos del sistema la convierte en una aplicación clave en la comunicación profesional y personal.

ACTIVIDAD COMPLEMENTARIA

2. Tanto en las oficinas centrales de Retales S. L. como en sus almacenes, se han instalado equipos informáticos con diferentes sistemas operativos, en función de las tareas que se van a desarrollar en ellos.

El problema surge cuando el gerente se plantea instalar un sistema de comunicación común, independientemente del sistema operativo que tenga cada ordenador. Para ello, se ve obligado a recurrir a aplicaciones externas.

En concreto, le han sugerido un plan de pago de la aplicación *Slack,* pero, antes, debe comprobar:

· Si es compatible para *Windows* y *macOS.*
· Si permite la integración de otras aplicaciones.
· Si se pueden realizar videollamadas grupales a través de la aplicación.
· Si incluye herramientas para organizar y gestionar proyectos y tareas.

Para poder realizar esta tarea, puedes visitar la página web de *Slack.*

3.4. Aplicaciones de gestión empresarial

Las aplicaciones de gestión empresarial están orientadas a la **organización, control y supervisión de los diferentes procesos** que se llevan a cabo dentro de una empresa. Estas herramientas permiten administrar recursos, realizar un seguimiento de tareas, gestionar la seguridad de los equipos o mantener actualizado el sistema, facilitando así la toma de decisiones y la eficiencia en las operaciones.

Su desarrollo ha estado acompañado de una **creciente especialización,** lo que ha dado lugar a aplicaciones cada vez más completas y adaptadas a distintos ámbitos de actividad.

NOTA

En la actualidad, las aplicaciones de gestión empresarial son parte fundamental de los entornos corporativos, ya que garantizan el correcto funcionamiento de la infraestructura tecnológica y contribuyen al logro de los objetivos empresariales.

Por este motivo, raramente se utilizarán aplicaciones propias de un sistema operativo en la gestión empresarial. Es decir, serán adquiridas de forma externa, o bien serán creadas para satisfacer las necesidades específicas de una empresa.

En el caso concreto de la gestión de almacenes, existen *software* muy versátiles y compatibles para casi todos los sistemas operativos.

Los más populares son:

Easy WMS	- Sistema especializado en la gestión integral de almacenes. Permite controlar entradas, ubicaciones, *picking* y expediciones, optimizando el espacio y reduciendo errores en las operaciones. Es habitual en empresas industriales, logísticas y de distribución. - Es un sistema basado en la nube que funciona desde un navegador web, por lo que puede utilizarse en equipos con *Windows, macOS o iOS*.
SAP Extended Warehouse Management	- Solución avanzada orientada a grandes organizaciones. Permite coordinar todos los procesos logísticos, planificar recursos, controlar la cadena de suministro y gestionar operaciones en tiempo real. - Funciona principalmente como un módulo dentro del entorno *SAP ERP*, que se ejecuta en *Windows* y a través de navegadores web compatibles. También puede accederse desde dispositivos móviles mediante la aplicación *SAP Warehouse Operator*, disponible para *iOS*.

Continúa en página siguiente >>

<< Viene de página anterior

Odoo Inventory	- Módulo del *ERP Odoo* destinado al control de existencias, pedidos y movimientos de mercancías. Se actualiza en tiempo real y permite adaptar el flujo de trabajo según el tipo de empresa. Es una opción muy extendida en pequeñas y medianas empresas. - Es una solución multiplataforma accesible desde cualquier navegador *(Windows, macOS, Linux, iOS, Android)*.
Holded	- *Software* de gestión empresarial que integra contabilidad, ventas y control de inventarios. Su interfaz sencilla permite administrar el almacén de forma automatizada y centralizar la información comercial y logística. - Opera completamente en la nube, por lo que puede utilizarse en *Windows, macOS* o *iOS* desde cualquier navegador.
Sage 200 Advanced	- Solución modular que combina la gestión contable, comercial y de almacenes. Ofrece funcionalidades de control de *stock*, trazabilidad y gestión de pedidos, especialmente útiles en entornos de producción o distribución. - Funciona principalmente en entornos *Windows*, aunque sus módulos web permiten acceder desde *iOS* mediante navegador.

Por su parte, y al igual que ocurre con el resto de aplicaciones, cada sistema operador desarrolla algunas herramientas propias para dotar de mayor competitividad a sus sistemas.

En este caso, podemos destacar las aplicaciones que siguen:

➲ **Para *Windows:***

◉ ***Windows Update.*** Encargada de buscar e instalar actualizaciones del sistema, automática o manualmente.
◉ ***Windows Defender.*** Antivirus incluido en *Windows*. Aporta protección contra amenazas, *firewall,* control de aplicaciones, seguridad de cuentas y del dispositivo, y opciones de administración familiar.
◉ ***Microsoft Dynamics* 365 - *Warehouse Management.*** Módulo de gestión de almacén integrado en la plataforma *Microsoft* 365. Facilita la automatización de procesos de inventario, la trazabilidad de los productos y la conexión con otras aplicaciones corporativas como *Teams, SharePoint* o *Power BI.*

◖ **Configuración de *Windows*.** Proporciona acceso a la gestión de todas las opciones y configuraciones del sistema operativo, permitiendo ajustar desde la hora y la fecha hasta la configuración de red y el *hardware*.

⊃ **Para *macOS*:**

◖ ***Preferencias del sistema (System Preferences).*** Panel de control central de *macOS*. Permite gestionar cuentas de usuario, seguridad, contraseñas, dispositivos de red y actualizaciones. Es esencial en entornos corporativos para configurar permisos, accesos y ajustes de *hardware* o *software*.

◖ ***Time Machine.*** Sistema de copias de seguridad automáticas que guarda versiones de archivos a intervalos regulares. Permite recuperar documentos borrados o restaurar todo el sistema en caso de fallo. Es muy valorado en empresas por el hecho de garantizar la continuidad del trabajo.

◖ ***Launchpad.*** Interfaz visual que muestra todas las aplicaciones instaladas en formato de cuadrícula, al estilo *iOS*. Facilita el acceso rápido a programas y la organización en carpetas. Resulta útil para quienes prefieren un acceso más gráfico frente al *Finder*.

 TAREA 2

Martín es trabajador del almacén de Retales S. L. Siempre había trabajado con el anterior sistema y nunca había tenido la necesidad de manejarse con un ordenador.

Hoy es su primer día con el equipo informático y, para que se habitúe a él, el gerente le indica que realice alguna de las tareas cotidianas con sus aplicaciones. En concreto, le solicita:

• Redactar la lista de materiales que deben pedirse al proveedor.
• Crear una alarma recurrente, diaria, para que todos los trabajadores revisen el *stock*.
• Introducir, en las carpetas indicadas, las facturas y albaranes que los proveedores le entregan en mano.

Para completar estas tres tareas con éxito, ¿qué aplicaciones debe usar Martín, y a qué categoría pertenecen?

4. Resumen

Las aplicaciones informáticas son programas diseñados para ejecutar tareas específicas en un sistema y resultan esenciales para que los usuarios interactúen con el *hardware* y el sistema operativo. Su relevancia se aprecia especialmente en entornos empresariales, dado que centralizan procesos, evitan duplicidades de información, optimizan la productividad y facilitan la toma de decisiones.

A diferencia del sistema operativo, que actúa como intermediario, las aplicaciones se orientan a cubrir necesidades concretas, desde redactar documentos o editar imágenes hasta gestionar inventarios, coordinar tareas o mantener la comunicación en tiempo real. Una vez instaladas, se integran en menús o carpetas específicas de cada sistema operativo. Así, por ejemplo, en *Windows* se accede a ellas a través del menú **Inicio** o de la zona de baldosas, mientras que en *macOS* se encuentran en la carpeta Aplicaciones, y también son accesibles desde el *Finder* o el *Dock*.

El **acceso y utilización** de las aplicaciones informáticas es cada día más sencillo e intuitivo. Sin embargo, su uso no está exento de problemas; entre los **errores** más comunes se encuentran los fallos humanos en la interacción con el programa. A ellos se suman los errores técnicos de instalación y de programación, que pueden ser sintácticos, cuando impiden el arranque, o lógicos, cuando producen resultados inesperados.

En cuanto a su utilidad, las aplicaciones actuales han alcanzado un alto grado de especialización. A grandes rasgos, se pueden clasificar en cuatro grandes grupos:

Aplicaciones de productividad	Aplicaciones de diseño y multimedia	Aplicaciones de comunicación	Aplicaciones de gestión empresarial

Las **aplicaciones de productividad** facilitan las tareas más comunes del trabajo diario, como la redacción de textos, la organización de archivos o la planificación de actividades, y son imprescindibles en la gestión empresarial para mejorar la eficiencia.

En segundo lugar, las **aplicaciones de diseño y multimedia** abarcan la creación y edición de contenidos visuales, sonoros y audiovisuales, y actualmente se ven potenciadas por herramientas de inteligencia artificial que automatizan procesos y amplían las posibilidades creativas.

Por su parte, las **aplicaciones de comunicación** permiten el intercambio ágil de información entre usuarios, ya sea mediante texto, voz o videollamadas, e incluyen ejemplos como *Microsoft Teams,* o aplicaciones externas, muy habituales, como *Slack* o *Zoom,* que resultan fundamentales para la coordinación de equipos.

Por último, las **aplicaciones de gestión empresarial** se orientan a la organización y supervisión de procesos internos, la administración de recursos y el mantenimiento de la infraestructura tecnológica, por lo que suelen adquirirse de forma externa o diseñarse a medida para cada organización.

Todas ellas, en su conjunto, convierten al sistema informático en una herramienta versátil que se adapta a contextos tanto personales como profesionales, garantizando la eficacia en la comunicación, la productividad, el diseño y la gestión.

Ejercicios de autoevaluación
Unidad de Aprendizaje 2

1. Determina si la siguiente afirmación es verdadera o falsa: "Las aplicaciones informáticas son programas diseñados para ejecutar otros *software* en un sistema informático".

   ▪ Verdadero
   ▪ Falso

2. ¿Cuál de estas opciones no es una característica de las aplicaciones informáticas?

   a. Su actualización es continua.
   b. Poseen una finalidad específica.
   c. Tienen amplia compatibilidad con el *hardware*.
   d. Son accesibles.

3. Determina si la siguiente afirmación es verdadera o falsa: "En *Windows,* las aplicaciones se localizan en la lista de aplicaciones y en la zona de baldosas".

   ▪ Verdadero
   ▪ Falso

4. ¿Cuál es la vigencia de un protocolo de prevención frente al acoso?

   a. Son 5 años por norma legal.
   b. No está definida.
   c. Es temporal, según el tipo de organización.
   d. Es indefinida, con actualizaciones periódicas.

5. ¿Cuáles son los errores más comunes en el funcionamiento de las aplicaciones?

   a. Errores de uso
   b. Errores de configuración e instalación
   c. Errores sintácticos
   d. Errores técnicos

6. ¿Qué tipo de aplicaciones están destinadas a facilitar las tareas más habituales del trabajo diario?

    a. Las aplicaciones de productividad
    b. Las aplicaciones de diseño y multimedia
    c. Las aplicaciones de comunicación
    d. Las aplicaciones de gestión empresarial

7. Determina si la siguiente afirmación es verdadera o falsa: "En la carpeta System 32 se encuentran todos los archivos necesarios para que *Windows* funcione".

    ■ Verdadero
    ■ Falso

8. La aplicación para *macOS, iMovie,* pertenece a la categoría:

    a. Aplicaciones de productividad
    b. Aplicaciones de diseño y multimedia
    c. Aplicaciones de comunicación
    d. Aplicaciones de gestión empresarial

9. ¿En qué sistema operativo puede encontrarse *Safari?*

    a. En *Windows*
    b. En *Linux*
    c. En *Opera*
    d. En *macOS*

10. De entre estas opciones, ¿cuáles no hacen referencia a aplicaciones de gestión empresarial?

    a. *Microsoft Store*
    b. *Windows Update*
    c. *Time Machine*
    d. *Notas*

Mantenimiento de los equipos informáticos

Contenido

Objetivos

Los objetivos específicos de esta Unidad de Aprendizaje son:

→ Diferenciar correctamente los diversos tipos de mantenimiento de los equipos informáticos.

→ Ejecutar las tareas propias de cada tipo de mantenimiento en equipos informáticos.

1. Introducción

En la actualidad, las empresas dependen de la informática para desarrollar gran parte de sus procesos productivos, administrativos, de gestión y de comunicación. En este sentido, la capacidad de respuesta frente a incidencias técnicas, la prevención de fallos y la optimización del rendimiento de los equipos determinan, en gran medida, la productividad global de una compañía. Esto hace del mantenimiento de los equipos informáticos un aspecto esencial para garantizar la continuidad operativa y la eficiencia en cualquier organización.

La realidad es que la vida útil de los dispositivos, tanto de *hardware* como de *software,* no solo se mide por la calidad de sus componentes, sino también por la forma en que se gestionan y se cuidan a lo largo del tiempo. En otras palabras, los equipos informáticos requieren una supervisión continua que incluya acciones periódicas de revisión, limpieza, actualización de programas, copias de seguridad y sustitución de componentes desgastados. De igual manera, los sistemas deben adaptarse a las nuevas necesidades tecnológicas, lo que implica integrar actualizaciones, compatibilizar aplicaciones y garantizar la seguridad de los datos en entornos cada vez más interconectados.

En consecuencia, la falta de un plan de mantenimiento puede derivar en fallos imprevistos, pérdidas de información, interrupciones en la actividad y un incremento considerable de los costes, motivo por el que resulta imprescindible establecer una estrategia que combine la prevención, la corrección, la predicción y la mejora constante de los sistemas.

En este marco, se sitúa la experiencia de la empresa Retales S. L. Al iniciar su proceso de modernización, han caído en la cuenta de que, para alargar la vida útil de los equipos y sistemas —y, por tanto, sacar beneficios de la inversión realizada—, es necesario diseñar un plan de mantenimiento integral que asegure el correcto funcionamiento de toda la infraestructura tecnológica.

2. Mantenimiento preventivo

☞ HILO CONDUCTOR

En Retales S. L., tras la instalación del nuevo sistema de gestión y la puesta en marcha de los equipos actualizados, surgió la necesidad de evitar posibles interrupciones en el flujo de trabajo diario del almacén. Para ello, se decidió establecer un plan de mantenimiento preventivo, orientado a revisar periódicamente los equipos, actualizar los programas y comprobar la seguridad de los datos.

El mantenimiento preventivo, también llamado **mantenimiento de primer nivel,** comprende un conjunto de actividades planificadas de antemano, diseñadas para reducir la frecuencia y el impacto de los fallos antes de que estos ocurran.

IMPORTANTE

El objetivo del mantenimiento preventivo es conservar los equipos en condiciones operativas óptimas, mediante acciones sistemáticas que detecten el desgaste o la degradación antes de que estos lleguen a causar una avería.

Cada vez son más las empresas que definen un **plan de mantenimiento preventivo,** donde se establece qué componentes serán inspeccionados, qué tipo de tareas se llevarán a cabo y con qué periodicidad.

De esta forma, no solo se minimiza la inversión en nuevos equipos y reparaciones, sino que se intenta garantizar que el flujo de trabajo diario no será interrumpido.

El mantenimiento preventivo se aplica tanto al *hardware* como al *software:*

- *Hardware.* Las tareas de mantenimiento preventivo del *hardware* implican:

  - Inspección y limpieza de los componentes
  - Observación de las condiciones ambientales

◗ Control de confiabilidad
◗ Duplicado de componentes críticos

➲ *Software.* Para realizar el mantenimiento preventivo del *software,* habrá que:

◗ Realizar actualizaciones de los sistemas y aplicaciones.
◗ Optimizar el *software* asiduamente.
◗ Mantener las condiciones óptimas de seguridad del sistema, evitando brechas.
◗ Realizar copias de seguridad habituales.

Como concepto global, se entiende el preventivo como una parte esencial del mantenimiento completo del sistema informático, ya que, al planificar preventivamente, se puede determinar el periodo máximo de uso antes de intervenir, con el fin de evitar fallos latentes.

2.1. Tipos de mantenimiento preventivo y acciones a llevar a cabo

El mantenimiento preventivo se puede clasificar según el criterio que se emplee para activar las intervenciones.

Estas **categorías** permiten ajustar la estrategia al entorno, al uso y a los recursos disponibles:

Basado en el tiempo (o calendario)
- Se definen intervalos temporales fijos (diarios, semanales, mensuales, trimestrales, anuales) para realizar las tareas programadas. Es sencillo de organizar y coordinar, pero puede implicar intervenciones innecesarias si el equipo no presenta signos de desgaste.

Basado en el uso
- Las tareas se activan según el nivel de utilización del equipo: horas de funcionamiento, número de transacciones, ciclos de operación, etc. Se ajusta más al desgaste real del dispositivo, pero requiere mecanismos de registro (contadores, *logs)* que cuantifiquen el uso.

Continúa en página siguiente >>

<< Viene de página anterior

Basado en la condición
- Este enfoque utiliza indicadores del estado del equipo (temperatura, vibración, niveles de error, alertas de diagnóstico) para decidir cuándo intervenir. Evita intervenciones innecesarias y mejora la eficiencia, aunque exige herramientas de monitoreo y diagnóstico continuo.

Mantenimiento predictivo (como extensión del preventivo)
- Aunque suele considerarse un tipo de mantenimiento aparte, dentro del marco preventivo puede entenderse como una forma avanzada que predice cuándo ocurrirá una avería, basándose en el análisis de datos históricos y en ciertas señales del equipo. Permite optimizar los tiempos de parada y actuar antes de que el fallo se manifieste.

Dentro de cada una de ellas, se ejecutan diversas **acciones** que hacen posible la mejora del sistema y la prevención de futuros daños y/o errores:

◐ **Limpieza física y control ambiental.** Se eliminan polvo, residuos y partículas acumuladas en el interior de los equipos, especialmente en ventiladores, disipadores, fuentes de alimentación y conectores. Se revisan cables y conectores para detectar desgaste físico.
También se vigila el ambiente: la temperatura, la humedad y la ventilación del entorno deben mantenerse dentro de los parámetros adecuados.
Para ello, se procede a abrir el equipo y a retirar el polvo acumulado con aire comprimido o brochas antiestáticas, prestando especial atención a los ventiladores, disipadores y fuentes de alimentación. Posteriormente, se comprueba que la temperatura y la humedad del entorno se mantengan dentro de los valores recomendados, y que la ventilación sea adecuada para evitar sobrecalentamientos.

◐ **Revisión del *hardware*.** Se prueba el funcionamiento de los componentes más críticos y se verifica la fiabilidad de cada elemento. Se planifica el reemplazo o la reparación antes de que el fallo sea definitivo.
En este caso será necesario utilizar programas de diagnóstico para comprobar el estado de los componentes principales —como la memoria RAM o los discos duros— mediante herramientas SMART. Igualmente se inspeccionan cables, conectores y fuentes de alimentación, sustituyendo los elementos desgastados o defectuosos antes de que fallen.

◐ **Mantenimiento del *software*.** Para llevar a cabo el mantenimiento del *software,* hay que actualizar los sistemas operativos, los controladores y el *firmware* para garantizar compatibilidad y estabilidad. Además, se eliminan programas innecesarios, archivos temporales y aplicaciones obsoletas, optimizando los procesos de arranque y el rendimiento general del sistema.

➲ **Gestión de seguridad.** Se mantienen al día los programas antivirus, *antimalware* y cortafuegos. Se efectúan análisis completos, revisión de *logs* y auditorías de permisos y accesos. Se identifican vulnerabilidades y se aplican parches para mantener la integridad del sistema.

Es imprescindible ejecutar análisis completos con herramientas antivirus y *antimalware* actualizadas, además de revisar los registros del sistema y los permisos de usuario.

➲ **Copias de seguridad y verificación.** Se realizan respaldos regulares de datos críticos y se comprueba la integridad de las copias. Además, es recomendable ejecutar restauraciones de prueba para asegurarse de que los respaldos son funcionales.

➲ **Monitorización del sistema.** Con herramientas especializadas se controlan parámetros como la temperatura, la carga de CPU, el uso de disco, los errores del sistema y el comportamiento del *hardware.* Los datos recogidos sirven para detectar tendencias de deterioro y ajustar el plan preventivo.

➲ **Documentación y control.** Cada intervención se registra en fichas o informes detallados (fecha, tareas realizadas, hallazgos, acciones correctivas, observaciones). El historial permite analizar patrones de fallos, ajustar frecuencias y optimizar los recursos disponibles.

➲ **Duplicado de dispositivos críticos.** Para componentes que son esenciales y cuyo fallo puede provocar interrupciones importantes, es recomendable contar con duplicados o redundancias listas para activarse en caso necesario.

➲ **Fiabilidad y ficha técnica.** Se mantiene una ficha técnica descriptiva de cada equipo, con sus características, datos de uso, historial de intervenciones y especificaciones relevantes. Esto facilita la planificación del mantenimiento y la toma de decisiones.

2.2. Beneficios del mantenimiento preventivo

Implementar un programa de mantenimiento preventivo proporciona una serie de ventajas realmente importantes, tanto a largo como a corto plazo, para cualquier sistema tecnológico.

Entre las más observadas se encuentran:

➲ **Reducción de los tiempos de inactividad.** Al evitar fallos inesperados, disminuyen las interrupciones no planificadas. Los equipos permanecen operativos con continuidad, lo que favorece la productividad.

➲ **Prolongación de la vida útil de los equipos.** El desgaste prematuro de componentes se frena mediante intervenciones regulares, lo que retrasa la necesidad de reemplazo y maximiza el retorno de la inversión.

- **Mejora del rendimiento del sistema.** Los equipos bien mantenidos responden mejor, operan con mayor fluidez y requieren menos recursos para realizar las tareas asignadas.
- **Aumento de la seguridad y protección de los datos.** Con actualizaciones regulares, auditorías de seguridad y controles sistemáticos, se reduce la exposición a vulnerabilidades, ataques y pérdidas de información.
- **Ahorro económico.** Aunque existe un coste inicial de mantenimiento, resulta inferior al que generarían reparaciones graves o sustituciones inesperadas. Además, evita pérdidas por paradas no programadas.
- **Planificación y control de recursos.** El mantenimiento preventivo facilita la programación de tareas, la asignación de personal y el control presupuestario. Los repuestos se adquieren con anticipación y se evitan sorpresas.
- **Mayor fiabilidad y estabilidad operativa.** La frecuencia de fallos baja y los sistemas se vuelven más confiables. Esto genera mayor confianza en el uso diario y evita efectos negativos para los procesos de la empresa.
- **Apoyo al mantenimiento correctivo.** El registro histórico de intervenciones y fallos sirve como base para optimizar las acciones correctivas y detectar tendencias que permitan anticiparse mejor.
- **Minimización del coste de inventario y de intervención excesiva.** Un mantenimiento bien planificado y ajustado reduce el riesgo de intervenciones innecesarias o excesivas, así como el coste asociado al mantenimiento ocioso.

 PARA SABER MÁS

Puedes consultar este vídeo, incluido en la web del INCIBE, en el que se explica la gravedad de las vulnerabilidades informáticas a causa del descuido en la seguridad de los equipos.

https://redirectoronline.com/3001010301

ACTIVIDAD 3

Los trabajadores de Retales S. L. están recibiendo píldoras formativas sobre el mantenimiento preventivo —o de primer nivel—, para que sean ellos mismos quienes lo lleven a cabo en los equipos con los que trabajan.

Hoy, les han propuesto la visualización del siguiente vídeo de *Xataka*. Una vez visto, ¿podrías indicar qué acción de mantenimiento preventivo se está llevando a cabo?

https://redirectoronline.com/3001010302

 TAREA 3

Unos meses después de su instalación, uno de los equipos instalados en el almacén, cerca de la maquinaria de recorte de telares, comenzó a recalentarse y, en consecuencia, rompió uno de los ventiladores del equipo.

Tras investigar el suceso y observar que la acumulación de polvo y residuos del telar fueron los elementos que lo provocaron, se decidió incluir ciertas pautas de limpieza en el mantenimiento preventivo de los equipos.

Si el objetivo es mantener el buen estado de los equipos y evitar averías derivadas del exceso de temperatura, ¿qué medidas de limpieza y control ambiental deberían ejecutarse sobre los equipos del almacén?

3. Mantenimiento correctivo

☞ HILO CONDUCTOR

En Retales S. L., tras las primeras semanas de funcionamiento del nuevo sistema de gestión, comenzaron a detectarse fallos en algunos equipos y dispositivos conectados a la red interna. Para dar respuesta a estas incidencias y restablecer el servicio con rapidez, se decidió implantar un plan de mantenimiento correctivo, que permitiera reparar averías y sustituir componentes defectuosos sin dilación.

Las acciones destinadas a reparar un equipo informático o sistema cuando ya se ha producido una avería o fallo en su funcionamiento se encuentran enmarcadas dentro del mantenimiento correctivo. Su **objetivo** principal es restablecer las condiciones normales de operación, minimizando el tiempo de inactividad y evitando que el problema vuelva a repetirse.

IMPORTANTE

A diferencia del mantenimiento preventivo, que actúa antes de que aparezcan los fallos, el correctivo se ejecuta después de detectar una anomalía.

El mantenimiento correctivo es una **intervención reactiva** que requiere identificar el origen del problema, aplicar la reparación adecuada y comprobar que el equipo recupere su rendimiento habitual. Esta característica lo convierte en una **intervención puntual,** no periódica, que solo se lleva a cabo cuando se presenta una incidencia o cuando el rendimiento del sistema muestra signos evidentes de degradación.

Este tipo de mantenimiento requiere un **alto nivel de implicación técnica,** pues resulta indispensable realizar un diagnóstico preciso que permita identificar la causa raíz del fallo, aplicar la reparación adecuada y evitar su repetición. En ocasiones, su ejecución puede implicar interrupciones temporales del servicio, especialmente cuando la reparación exige detener el equipo o sustituir componentes críticos.

NOTA

El mantenimiento correctivo cumple una función complementaria respecto al preventivo, ya que la información obtenida a partir de cada reparación contribuye a perfeccionar los planes de prevención y a fortalecer la fiabilidad del sistema en su conjunto.

3.1. Tipos de mantenimiento correctivo y acciones a llevar a cabo

El mantenimiento correctivo puede clasificarse de diferentes formas, en función del momento de intervención, el nivel de planificación o el tipo de componente afectado.

Habitualmente, el mantenimiento correctivo se **tipifica** de la siguiente manera:

- **Mantenimiento correctivo no planificado.** Se realiza de forma inmediata ante una avería inesperada que interrumpe el funcionamiento del sistema. Es el tipo más común y, a la vez, el más costoso, ya que requiere una reacción rápida, disponibilidad de repuestos y, en ocasiones, sustitución urgente de componentes.
  Las intervenciones no planificadas suelen provocar tiempos de inactividad prolongados y pueden afectar directamente al rendimiento general de la organización.
- **Mantenimiento correctivo planificado.** Se aplica cuando se detecta una anomalía o degradación progresiva en un componente, pero el equipo sigue funcionando de forma limitada. En este caso, la reparación se programa con antelación, aprovechando periodos de menor carga de trabajo o mantenimientos generales.
  Este tipo de mantenimiento permite reducir el impacto operativo y optimizar los recursos, dado que las reparaciones se realizan con tiempo, materiales y personal técnico previamente organizados.
- **Mantenimiento correctivo de *hardware* y de *software*.** El mantenimiento correctivo puede clasificarse también según la naturaleza del elemento afectado:

  - Correctivo de *hardware*: consiste en reparar o sustituir componentes físicos del equipo, como fuentes de alimentación, discos duros, cables, tarjetas gráficas, ventiladores o pantallas.

◊ Correctivo de *software:* se centra en resolver errores lógicos, como bloqueos del sistema operativo, conflictos de controladores, infecciones por *malware,* archivos dañados o fallos de compatibilidad entre aplicaciones.

Ambos tipos son complementarios, ya que un error físico puede generar un fallo lógico, y viceversa.

⊃ **Mantenimiento correctivo inmediato y diferido.** En función del grado de urgencia, el mantenimiento correctivo puede clasificarse como:

◊ Inmediato: se realiza tan pronto como se detecta la avería, con el objetivo de recuperar el funcionamiento sin demora.
◊ Diferido: se pospone hasta disponer de los recursos necesarios, de las piezas adecuadas o de la autorización correspondiente. Se emplea cuando la reparación inmediata podría afectar a otras operaciones más críticas.

El mantenimiento diferido permite planificar las intervenciones sin interrumpir procesos esenciales, garantizando un equilibrio entre la urgencia y la eficiencia.

👁 EJEMPLO

Durante la mañana del lunes, se produjo un apagón eléctrico que afectó a las oficinas y almacén de Retales S. L. Al regresar la electricidad a la zona, el exceso de voltaje produjo que la fuente de alimentación de uno de los equipos de la oficina se dañara.

Este incidente requirió la intervención inmediata de los técnicos, que tuvieron que realizar un mantenimiento correctivo no planificado.

Estas tipologías permiten adaptar las estrategias de reparación a las necesidades de la infraestructura tecnológica y a los recursos disponibles.

Para ello, el mantenimiento correctivo abarca una serie de **acciones técnicas** que se desarrollan en distintas fases. Estas **fases** permiten abordar la reparación de manera estructurada y eficiente, garantizando que el equipo recupere su operatividad sin comprometer la integridad del sistema.

Dichas fases son:

- **Detección y diagnóstico de la avería.** La primera fase consiste en identificar el problema. Puede iniciarse tras la observación directa de un fallo, la notificación del usuario o mediante herramientas de monitorización. Se analizan los síntomas, se revisan los registros del sistema y se utilizan programas de diagnóstico para determinar el origen de la avería.
  Un diagnóstico preciso es esencial para evitar sustituciones innecesarias y reducir los tiempos de reparación. Las causas pueden ser físicas (desgaste de componentes, sobrecalentamiento, cortocircuitos) o lógicas (errores del sistema, incompatibilidades, virus).

- **Evaluación y planificación de la reparación.** Una vez identificado el fallo, se estudian las posibles soluciones y se determina si la intervención debe realizarse de inmediato o programarse. Se valoran los recursos técnicos, el coste de la reparación, el tiempo estimado y la disponibilidad de piezas de repuesto.
  En algunos casos, resulta más conveniente sustituir el componente que repararlo, especialmente cuando el coste de mantenimiento supera el de reemplazo.

- **Ejecución de la reparación.** En esta fase se aplican las acciones correctivas necesarias para restablecer el funcionamiento del sistema.
  En el *hardware,* las operaciones incluyen la sustitución de piezas dañadas, la limpieza de contactos, el reemplazo de cables o el montaje de nuevos componentes.
  En el *software,* se pueden realizar reinstalaciones del sistema operativo, eliminación de *malware,* restauraciones de copias de seguridad, actualización de controladores o corrección de configuraciones defectuosas. Estas tareas deben ejecutarse siguiendo protocolos de seguridad y utilizando herramientas adecuadas para evitar daños adicionales.

- **Pruebas y verificación.** Tras la reparación, se realizan pruebas de funcionamiento para comprobar que el sistema ha recuperado su estabilidad y que el fallo ha sido completamente resuelto. Se verifica el arranque, la conectividad, la integridad de los datos y la compatibilidad entre los componentes.
  Si el equipo supera las pruebas, puede reincorporarse al servicio habitual. En caso contrario, se repite el diagnóstico para identificar la causa persistente del problema.

- **Documentación y registro de la intervención.** Cada reparación debe quedar documentada en un informe técnico, que incluya los datos del equipo, la descripción de la avería, las causas detectadas, las acciones realizadas y los resultados obtenidos.
  Este registro constituye una herramienta de seguimiento fundamental para identificar patrones de fallo, planificar reemplazos y reforzar el mantenimiento preventivo.

- **Medidas preventivas posteriores.** Finalmente, tras completar la reparación, conviene aplicar medidas complementarias para evitar la repetición del fallo. Estas pueden incluir actualizaciones, configuraciones de seguridad, mejoras en la ventilación o capacitaciones al personal usuario para un uso adecuado de los equipos.

El registro de incidencias, reparaciones e intervenciones de un equipo es de suma importancia para poder llevar a cabo, de manera eficiente, cada uno de los tipos de mantenimiento, en sus distintas formas.

3.2. Beneficios del mantenimiento correctivo

Aunque su función principal es reparar, el mantenimiento correctivo aporta beneficios significativos cuando se aplica de manera planificada y documentada.

Entre ellos encontramos:

Restablecimiento rápido del servicio
- Este beneficio se consigue a través de una respuesta inmediata ante fallos y de la coordinación eficiente del personal técnico. Se utilizan sistemas de registro de incidencias que notifican el error en tiempo real, lo que permite asignar tareas, disponer de repuestos y ejecutar la reparación sin demoras. Una vez reparado el equipo, se verifican las pruebas de funcionamiento antes de reincorporarlo al sistema, asegurando así la continuidad operativa.

Corrección efectiva de las averías
- Para garantizar una reparación eficaz, se realiza un diagnóstico detallado que identifica la causa raíz del fallo. Posteriormente, se aplica la intervención técnica adecuada, como el reemplazo de piezas, la reinstalación del *software* o la reconfiguración del sistema. Una vez finalizada la reparación, se efectúan pruebas de validación que confirman que el error ha sido completamente resuelto y que el equipo recupera su rendimiento normal.

Continúa en página siguiente >>

<< Viene de página anterior

Ahorro y aprovechamiento de recursos
- El mantenimiento correctivo permite prolongar la vida útil de los equipos mediante reparaciones específicas en lugar de sustituciones completas. Para ello, se lleva un control de inventario de repuestos, se reutilizan componentes compatibles y se registran las horas de intervención. Esta gestión planificada reduce los gastos asociados a nuevas adquisiciones y optimiza el uso del material técnico disponible.

Mejora del conocimiento técnico
- Cada intervención se documenta en informes que detallan la avería, las causas, las acciones aplicadas y los resultados. Este registro constituye una fuente de aprendizaje para el personal técnico, que puede identificar patrones recurrentes y adquirir experiencia en la resolución de incidencias complejas. Además, el análisis de los informes permite mejorar los procedimientos y definir protocolos de actuación más eficaces para futuras reparaciones.

Complemento al mantenimiento preventivo
- El mantenimiento correctivo aporta información práctica que alimenta los programas de mantenimiento preventivo. Cada reparación documentada ayuda a ajustar la frecuencia de las revisiones, detectar los componentes más propensos a fallar y reforzar las medidas preventivas. De este modo, ambos enfoques se complementan: el preventivo evita fallos futuros, mientras que el correctivo proporciona datos reales que optimizan su planificación.

Modernización de los sistemas
- Durante las reparaciones, suele aprovecharse la intervención para instalar versiones más recientes de *software* o sustituir piezas por modelos más eficientes. Esta práctica permite actualizar progresivamente la infraestructura tecnológica sin necesidad de realizar grandes inversiones. Además, mejora el rendimiento global de los equipos y la compatibilidad con nuevas aplicaciones o dispositivos.

Incremento de la fiabilidad global
- La aplicación sistemática del mantenimiento correctivo, junto con la documentación detallada de cada incidente, favorece la creación de un historial técnico del sistema. Este historial permite detectar tendencias de fallo y actuar antes de que se repitan, lo que incrementa la confianza en el rendimiento de los equipos. Asimismo, la rápida respuesta a las incidencias transmite seguridad al personal usuario, reforzando la percepción de estabilidad tecnológica dentro de la organización.

 **EJEMPLO**

En Retales S. L., tras detectarse repetidos fallos en uno de los equipos encargados de gestionar las órdenes de envío, el equipo técnico realizó un mantenimiento correctivo que permitió identificar el origen del problema: un controlador defectuoso que provocaba bloqueos intermitentes en el sistema.

Una vez sustituido el componente y documentada la incidencia, la información recogida se incorporó al registro general de mantenimiento, lo que facilitó la detección de patrones similares en otros equipos y permitió actuar de forma preventiva antes de que el fallo se repitiera.

Gracias a esta intervención, la empresa logró reducir las interrupciones en el flujo de trabajo y aumentar la fiabilidad de toda la red informática del almacén.

En consecuencia, la percepción de fiabilidad sobre el sistema aumentó notablemente entre sus usuarios.

 ACTIVIDAD COMPLEMENTARIA

3. En el Departamento Técnico de Retales S. L., se está elaborando un plan de mantenimiento integral para los equipos informáticos del almacén.

Durante la revisión, se ha observado un aumento de incidencias vinculadas a fallos del sistema, lentitud en algunos equipos y posibles infecciones por *software* no autorizado. Por ello, el equipo de mantenimiento ha decidido evaluar diferentes herramientas digitales que permitan gestionar el mantenimiento correctivo, tanto desde la perspectiva técnica como desde la seguridad informática.

Para decidir qué soluciones implantar, el equipo consulta el siguiente enlace, donde se describen diversos programas de mantenimiento correctivo y de seguridad.

Continúa en página siguiente >>

<< Viene de página anterior

https://redirectoronline.com/3001010303

Utilizando la información proporcionada, ¿podrías indicar qué aplicaciones de mantenimiento correctivo, incluidas las orientadas a la seguridad informática, podrían resultar más adecuadas para la empresa y para qué puede emplearse cada una de ellas?

4. Mantenimiento predictivo

☞ HILO CONDUCTOR

Tras el último incidente, los técnicos de la empresa Retales S. L. consideraron necesario anticiparse a posibles fallos antes de que afectaran al trabajo diario. Con esta intención, comenzaron a trabajar para establecer protocolos predictivos basados en herramientas de monitorización, que permiten detectar desgastes o anomalías en los equipos y actuar antes de que se produzca la avería.

El **mantenimiento predictivo** abarca aquellas actividades orientadas a anticipar la aparición de fallos mediante la observación continua, la toma de datos y el análisis de tendencias sobre el estado real de los equipos.

En entornos informáticos, el mantenimiento predictivo se apoya en:

- ➲ **Telemetría de *hardware*.** Es el proceso a través del cual se recogen los datos que los propios componentes físicos de un equipo informático generan y envían de forma automática para informar sobre su estado y funcionamiento.

Las variables que se observan son:

- Temperatura de los procesadores, la GPU o el sistema en general
- Velocidad de los ventiladores y control de refrigeración
- Voltajes de alimentación y estabilidad eléctrica
- Uso y carga de CPU, memoria y GPU
- Errores de *hardware*
- Ciclos de energía o tiempo total de funcionamiento

En el mantenimiento predictivo, esta telemetría se analiza para detectar patrones anómalos o tendencias de desgaste, de manera que sea posible intervenir antes de que ocurra una avería.

⇒ **Métricas del sistema operativo.** Son los valores e indicadores que reflejan el comportamiento interno y el rendimiento global de un sistema informático mientras está en funcionamiento.
Entre las métricas más habituales se incluyen:

- Uso de la CPU: porcentaje de carga o saturación de los procesadores.
- Uso de la memoria RAM: cantidad total, libre y en caché disponible.
- Actividades de disco: velocidad de lectura y escritura, latencias y errores de acceso.
- Procesos activos: número de tareas en ejecución, prioridades y consumo individual de recursos.
- Rendimiento de red: volumen de datos transmitidos, tasa de errores o pérdidas de paquetes.
- Eventos del sistema: registros de errores, advertencias y reinicios en el visor de sucesos.

Las métricas permiten identificar comportamientos anómalos, lo que ayuda a predecir fallos y planificar intervenciones antes de que se produzca una avería.

⇒ **Indicadores de red.** Son los valores que describen el estado, el rendimiento y la calidad de una conexión o infraestructura de red. Se utilizan para evaluar si los equipos se comunican correctamente y para detectar posibles fallos o degradaciones en la transmisión de datos.
Entre los indicadores más comunes se encuentran los siguientes:

- Latencia: tiempo que tarda un paquete de datos en ir desde el origen hasta el destino; se mide en milisegundos (ms).
- Pérdida de paquetes: porcentaje de datos que no llegan correctamente al destino; su incremento indica problemas de transmisión o saturación.
- Ancho de banda: capacidad máxima de transferencia de datos de la red, medida en Mbps o Gbps.

U *Jitter:* variación en la latencia entre paquetes consecutivos; un valor alto puede afectar la calidad de servicios en tiempo real (como video-llamadas o VoIP).

U Errores CRC: errores de verificación que indican corrupción de datos en la transmisión, normalmente causados por cables o conectores defectuosos.

U Tasa de utilización de puertos: porcentaje de ocupación de cada interfaz de red en *switches, routers* o servidores.

En el mantenimiento predictivo, estos indicadores permiten detectar de forma anticipada problemas como saturaciones, interferencias o fallos de *hardware* en la red interna.

➲ **Señales de las aplicaciones.** Son los datos o indicadores que un programa genera durante su ejecución y que permiten conocer cómo está funcionando internamente. Estas señales reflejan el rendimiento, la estabilidad y el estado operativo de la aplicación, y son fundamentales en el mantenimiento predictivo porque ayudan a detectar anomalías antes de que se produzca un fallo.

Entre las señales más habituales se incluyen:

U Tiempos de respuesta: cuánto tarda la aplicación en procesar solicitudes o ejecutar tareas.

U Errores de ejecución: número y tipo de fallos producidos.

U Uso de recursos: consumo de CPU, memoria, disco o red por parte del proceso.

U Número de transacciones o peticiones por segundo: indica la carga real del sistema.

U Bloqueos o cuelgues *(crashes):* interrupciones del servicio por fallos internos.

U Alertas de rendimiento: avisos automáticos generados cuando un parámetro supera un umbral definido.

Estas señales se analizan para identificar patrones anómalos que pueden anticipar un problema en la aplicación o en la infraestructura que la soporta. Así, se puede actuar antes de que el servicio se detenga o se degrade.

SABÍAS QUE...

Los datos recogidos mediante el proceso de telemetría de *hardware* se recopilan mediante sensores integrados en los dispositivos, que permiten monitorizar variables técnicas en tiempo real.

Con estos datos, se establecen umbrales, se detectan patrones anómalos y se construyen modelos de tendencia que permiten estimar la vida útil remanente de componentes críticos o la probabilidad de fallo en un horizonte temporal.

4.1. Características y procesos dentro del mantenimiento predictivo

A **diferencia del enfoque preventivo clásico,** el predictivo determina cuándo intervenir a partir de indicadores objetivos que evidencian degradación, anomalías o riesgo inminente de avería, optimizando el momento de la intervención y reduciendo las operaciones innecesarias.

 **RECUERDA**

Una parte del mantenimiento predictivo es una extensión del mantenimiento preventivo.

De manera más concreta, podemos establecer **tres grandes diferencias** entre ambos enfoques:

Apoyo en intervalos

Como ya se vio, el mantenimiento preventivo se apoya en intervalos (tiempo, uso o ciclos). Se realizan tareas programadas aun cuando no existen síntomas de fallo. Esta filosofía simplifica la organización, pero puede dar lugar a intervenciones innecesarias si el activo se encuentra en buen estado. En cambio, el predictivo dispara la intervención por condición o, lo que es lo mismo, se actúa cuando la evidencia indica degradación o riesgo, lo que permite ajustar el momento de la reparación y minimizar paradas superfluas.

Continúa en página siguiente >>

<< Viene de página anterior

Listas de chequeo y procedimientos periódicos

En el caso del mantenimiento preventivo se requieren listas de chequeo y procedimientos periódicos relativamente estables. El mantenimiento predictivo, en cambio, requiere una infraestructura de datos más sofisticada: agentes de monitorización, registros históricos, almacenamiento de métricas, correlación de eventos y analítica. En consecuencia, su barrera de entrada es mayor, pero el retorno se aprecia en la reducción de fallos críticos y en la optimización de recursos.

Estandarización

El enfoque preventivo favorece la estandarización, ya que resulta apropiado cuando el parque de equipos es homogéneo y la criticidad es media. Por su parte, el predictivo es especialmente valioso en activos críticos o heterogéneos, donde el coste de un fallo es alto y la variabilidad de uso hace ineficiente un calendario rígido. Por último, el preventivo se mide por cumplimiento de plan organizado, mientras que el predictivo lo hace por precisión de alerta (falsos positivos/negativos), tiempo de anticipación y reducción de incidentes severos.

Dichas diferencias radican, en gran medida, de los **procesos** propios del mantenimiento predictivo:

- ⮑ **Monitorización continua.** Consiste en la observación permanente del estado de los equipos mediante sensores y sistemas de registro activos las 24 horas o en intervalos programados. Permite detectar variaciones mínimas que anticipan fallos antes de que se manifiesten.
- ⮑ **Centralización.** Facilita el análisis global y la toma de decisiones basadas en datos consolidados. Implica recopilar toda la información procedente de los equipos en plataformas de gestión unificadas, como paneles de control o sistemas CMMS *(computerized maintenance management system)* y EAM *(enterprise asset management)*. Estos sistemas son herramientas digitales utilizadas en la gestión profesional del mantenimiento. Ambos permiten planificar, ejecutar y controlar las tareas de conservación y reparación de equipos.
- ⮑ **Análisis estadístico.** Se emplean métodos de interpretación de datos para identificar tendencias, calcular probabilidades de fallo y establecer umbrales de alerta. De esta forma, las acciones de mantenimiento se basan en evidencias objetivas.

⊃ **Aplicación de técnicas de *machine learning.*** Utiliza algoritmos capaces de reconocer patrones y predecir comportamientos anómalos en los equipos. Permite estimar la vida útil restante y optimizar el momento exacto de intervención.

NOTA

El *machine learning*, o aprendizaje automático, constituye una rama de la inteligencia artificial que permite a los sistemas analizar datos, identificar patrones y mejorar su desempeño de forma autónoma, sin requerir una programación específica para cada tarea.

APLICACIÓN PRÁCTICA

En el área técnica de Retales S. L., se ha observado que algunos equipos del almacén presentan picos de temperatura y un rendimiento inferior al habitual. El personal de mantenimiento ha decidido aplicar el mantenimiento predictivo para identificar el origen del problema antes de que se produzcan averías.

¿Qué acciones se deberán aplicar para detectar a tiempo las anomalías y anticipar el fallo de los equipos?

Solución

Las acciones correctas son la monitorización continua, la centralización de datos y la aplicación de técnicas de *machine learning*, ya que todas ellas permiten observar el estado de los equipos en tiempo real, consolidar la información en plataformas unificadas y predecir fallos mediante el análisis de patrones.

4.2. Beneficios del mantenimiento predictivo

La implantación del mantenimiento predictivo aporta beneficios técnicos y económicos tangibles. En concreto, hablamos de cinco beneficios directos:

Reducción del tiempo de inactividad no planificado
- Al identificar degradaciones antes del fallo, resulta viable programar la intervención en ventanas de baja demanda, evitando paradas abruptas y pérdidas de productividad. Igualmente, disminuye la severidad de incidencias, dado que la reparación se ejecuta cuando el síntoma es incipiente, lo que reduce el alcance del daño y acorta los tiempos de recuperación.

Optimización del coste total de propiedad
- Se interviene cuando es necesario y no por calendario, lo que reduce el mantenimiento por exceso y los repuestos consumidos sin justificación. A su vez, se alarga la vida útil de los activos, dado que la operación en condiciones saludables (temperaturas adecuadas, vibración y voltajes controlados, cargas equilibradas) ralentiza el desgaste de componentes críticos.

Aumento de la confiabilidad del servicio y cumplimiento de SLA
- El pronóstico y la priorización por riesgo permiten orientar recursos hacia activos con mayor probabilidad e impacto de fallo, reforzando servicios de mayor criticidad. Por otra parte, la planificación de repuestos mejora de forma notable, puesto que, al contar con señales tempranas, puede asegurarse disponibilidad de componentes antes de la intervención, reduciendo esperas y costes logísticos.

Mejora de la madurez operativa mediante datos e historiales
- Los registros de telemetría y las órdenes de trabajo asociadas a alertas alimentan un ciclo de mejora continua, teniendo en cuenta que durante su desarrollo se reajustan umbrales, se perfeccionan *playbooks*, se reevalúa la criticidad y se identifican causas de base recurrentes. De este modo, las tasas de falsos positivos y falsos negativos descienden, y aumenta la precisión predictiva.

Refuerzo de la seguridad y la resiliencia
- La observación de patrones anómalos no solo anticipa fallos físicos, sino que puede revelar comportamientos de riesgo. Con reglas de correlación y respuesta se actúa de forma temprana, limitando el alcance de incidentes y facilitando la recuperación.

NOTA

Las siglas SLA corresponden a *service level agreement,* o acuerdo de nivel de servicio.

5. Resumen

El mantenimiento de los equipos informáticos constituye un elemento esencial para asegurar la continuidad operativa, la eficiencia y la productividad de una organización. Su correcta aplicación evita fallos imprevistos, pérdidas de información y costes derivados de interrupciones, convirtiéndose en una herramienta estratégica para prolongar la vida útil de los equipos y optimizar su rendimiento.

Aunque el mantenimiento de los equipos informáticos puede categorizarse de diferentes maneras, en el caso que nos ocupa nos centramos en tres formas.

En primer lugar, el mantenimiento preventivo, que comprende un conjunto de acciones planificadas para reducir la frecuencia y el impacto de los fallos antes de que ocurran. Incluye revisiones periódicas, limpieza, actualizaciones de *software* y control de la seguridad. Puede clasificarse en mantenimiento basado en el tiempo, en el uso, en la condición o predictivo. Entre sus beneficios destacan la reducción de averías, el ahorro económico y la mejora del rendimiento de los equipos.

En segundo lugar, el mantenimiento correctivo se aplica una vez detectada una avería, con el fin de restablecer el funcionamiento normal. Requiere un diagnóstico preciso, una reparación eficaz y la verificación posterior del sistema. Puede ser planificado o no planificado, y afecta tanto a componentes físicos como a programas. Su correcta documentación permite prevenir incidencias similares y complementar los planes de mantenimiento preventivo.

Por último, el mantenimiento predictivo, por su parte, emplea la observación continua y el análisis de datos para anticipar posibles fallos antes de que se produzcan. Se apoya en indicadores técnicos y herramientas de monitorización que detectan patrones anómalos y estiman la vida útil de los componentes. Su aplicación implica técnicas como la monitorización continua, la centralización de datos, el análisis estadístico y el uso de *machine learning*. Entre sus ventajas se encuentran la reducción del tiempo de inactividad, la mejora de la fiabilidad y la optimización de recursos.

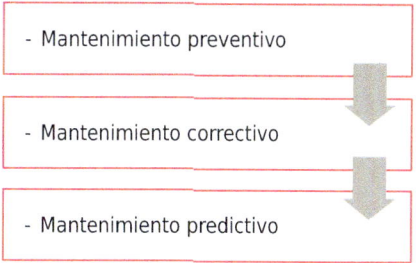

En conjunto, los distintos tipos de mantenimiento —preventivo, correctivo y predictivo— conforman una estrategia integral que garantiza la sostenibilidad tecnológica, la protección de los datos y la estabilidad de los sistemas informáticos de la empresa.

Ejercicios de autoevaluación
Unidad de Aprendizaje 3

1. Determina si la siguiente afirmación es verdadera o falsa: "El mantenimiento preventivo se realiza una vez que se ha producido una avería en el equipo".

   ■ Verdadero
   ■ Falso

2. ¿Cuál de las siguientes opciones describe mejor el objetivo del mantenimiento preventivo?

   a. Restablecer el funcionamiento del equipo tras una avería.
   b. Anticiparse a los fallos mediante acciones planificadas.
   c. Analizar datos para predecir fallos futuros.
   d. Sustituir equipos obsoletos por equipos nuevos.

3. ¿Qué beneficios son comunes a los tres tipos de mantenimiento (preventivo, correctivo y predictivo)?

   a. La mejora del rendimiento y la fiabilidad del sistema
   b. La optimización de recursos y la reducción de costes
   c. La eliminación total de los fallos técnicos
   d. La prolongación de la vida útil de los equipos

4. ¿Qué característica distingue al mantenimiento correctivo?

   a. Se realiza antes de que ocurra el fallo.
   b. Se ejecuta de forma periódica y automática.
   c. Se aplica tras detectar una avería o anomalía.
   d. Se basa exclusivamente en la monitorización de datos.

5. ¿Cuál de los siguientes tipos de mantenimiento preventivo se ejecuta en intervalos fijos de tiempo?

   a. Basado en el uso
   b. Basado en la condición
   c. Basado en el tiempo
   d. Basado en el rendimiento

6. Determina si la siguiente afirmación es verdadera o falsa: "El mantenimiento correctivo es un tipo de mantenimiento periódico que se lleva a cabo con carácter planificado".

   ■ Verdadero
   ■ Falso

7. ¿Qué acciones corresponden al mantenimiento correctivo?

   a. Reparar un disco duro averiado.
   b. Sustituir un componente dañado.
   c. Actualizar los controladores del sistema.
   d. Analizar datos de monitorización.

8. ¿Qué técnicas se utilizan en el mantenimiento predictivo para analizar patrones y anticipar fallos?

   a. *Machine learning*
   b. Monitorización continua
   c. Control de versiones
   d. Análisis estadístico

9. ¿Qué acciones pertenecen al mantenimiento preventivo?

   a. Monitorizar la temperatura y el consumo energético.
   b. Limpiar los ventiladores y eliminar el polvo.
   c. Reparar una placa base dañada.
   d. Realizar copias de seguridad y verificación.

10. Determina si la siguiente afirmación es verdadera o falsa: "El mantenimiento predictivo permite estimar la vida útil de los componentes a partir del análisis de datos".

   ■ Verdadero
   ■ Falso

Prevención de riesgos laborales derivados de la utilización de equipos informáticos

Contenido

1. Introducción
2. Regulación normativa
3. Riesgos laborales derivados de la utilización de equipos informáticos
4. Salud postural
5. Resumen

Objetivos

Los objetivos específicos de esta Unidad de Aprendizaje son:

→ Conocer la normativa que regula la prevención de riesgos laborales aplicable al uso de equipos informáticos.

→ Identificar cada uno de los riesgos asociados a la utilización de los equipos informáticos.

→ Reconocer posibles peligros a los que se encuentra expuesto un trabajador dentro del área de trabajo y asociados a su equipamiento.

→ Aplicar las medidas de seguridad necesarias para evitar exponerse a riesgos innecesarios durante el uso de equipos informáticos.

→ Tener en consideración las medidas de ergonomía y salud postural durante la jornada laboral.

1. Introducción

El trabajo con equipos informáticos constituye una actividad cotidiana en la mayoría de los entornos laborales. Su uso permite gestionar información, realizar tareas administrativas, comunicarse y controlar procesos de producción. Sin embargo, la utilización continuada de estos equipos puede generar riesgos para la salud si no se aplican medidas preventivas adecuadas.

La prevención de riesgos laborales en este ámbito tiene como finalidad garantizar unas condiciones de trabajo seguras y saludables, minimizando la aparición de trastornos físicos, visuales o mentales. Para ello, la normativa establece una serie de disposiciones específicas que regulan la organización del trabajo, la ergonomía de los puestos y las condiciones ambientales del entorno laboral.

En el caso de Retales S. L., la reciente implantación de un sistema informático de gestión en sus almacenes y oficinas ha implicado la instalación de nuevos equipos, pantallas y periféricos. Dado que el personal utilizará estos dispositivos de manera continua, resulta imprescindible aplicar las medidas de prevención de riesgos laborales previstas por la normativa vigente, garantizando la seguridad y el bienestar de toda la plantilla.

2. Regulación normativa

 HILO CONDUCTOR

La implantación del nuevo sistema de gestión en Retales S. L. ha llevado a los directivos a revisar la normativa vigente en materia de prevención de riesgos laborales. El objetivo es identificar qué leyes regulan la seguridad en el uso de equipos informáticos y cómo deben aplicarse para proteger al personal que trabaja con pantallas de visualización en las oficinas y en el almacén.

La prevención de riesgos laborales en la utilización de equipos informáticos se encuentra regulada por un conjunto de normas que establecen las condiciones mínimas de seguridad y salud que deben cumplirse en los lugares de trabajo. Estas disposiciones tienen como finalidad proteger a las personas trabajadoras frente a los riesgos derivados del uso continuado de pantallas, teclados y demás periféricos informáticos.

Cada una de ellas tiene una meta diferente en torno a la prevención de riesgos laborales; de ahí su importancia:

Ley 31/1995, de 8 de noviembre, de Prevención de Riesgos Laborales
- Constituye el marco jurídico fundamental en materia preventiva en España. Su finalidad es promover la mejora continua de las condiciones de trabajo mediante la identificación, la evaluación y el control de los riesgos.
- Esta ley define los principios básicos de la acción preventiva, como la integración de la prevención en todos los niveles de la empresa, la formación del personal y la participación de los trabajadores en la gestión de la seguridad y la salud laboral.
- En el caso del uso de equipos informáticos, obliga a evaluar los riesgos ergonómicos y psicosociales, garantizando que los puestos se adapten a las características físicas y mentales de cada persona.

Real Decreto 39/1997, de 17 de enero, por el que se aprueba el Reglamento de los Servicios de Prevención
- Este reglamento establece las modalidades de organización de la actividad preventiva (propia, ajena o mancomunada), así como las funciones, recursos y responsabilidades de los servicios de prevención. Además, fija la necesidad de realizar evaluaciones de riesgos específicas para los puestos con equipos informáticos, aplicando los principios de ergonomía y psicosociología laboral. También determina la obligación de planificar las medidas preventivas y de hacer un seguimiento continuo para comprobar su eficacia.

Real Decreto 488/1997, de 14 de abril, sobre disposiciones mínimas de seguridad y salud relativas al trabajo con equipos que incluyen pantallas de visualización
- Este Real Decreto concreta las disposiciones mínimas de seguridad y salud relativas al trabajo con equipos que incluyen pantallas de visualización, centrándose en los factores ergonómicos y ambientales. Para ello, regula aspectos como la altura de la pantalla, la disposición del teclado, la iluminación del entorno, las pausas durante la jornada y las revisiones de salud periódicas.
- Su objetivo es prevenir los trastornos musculoesqueléticos, la fatiga visual y el estrés mental asociados al uso intensivo de ordenadores. Asimismo, establece la obligación de adaptar los puestos de trabajo y de informar al personal sobre las medidas preventivas adoptadas.

IMPORTANTE

Las tres normas citadas anteriormente constituyen el pilar normativo sobre el que se sustentan todas las actuaciones preventivas relacionadas con los equipos informáticos, garantizando la protección integral de la salud laboral en entornos digitales y administrativos.

2.1. Ley 31/1995, de 8 de noviembre, de Prevención de Riesgos Laborales

La Ley 31/1995 tiene por **objeto** promover la seguridad y la salud de los trabajadores mediante la aplicación de medidas y el desarrollo de las actividades necesarias para la prevención de riesgos derivados del trabajo.

Su **aplicación** se realiza a todas las empresas, independientemente de su tamaño o sector, fijando las obligaciones del empresario y los derechos de los trabajadores en materia de prevención.

IMPORTANTE

Esta ley no es de aplicación a aquellas actividades cuyas particularidades lo impidan. En el ámbito de las funciones públicas, hablamos de: policía, seguridad y resguardo aduanero, servicios operativos de protección civil y peritaje forense en los casos de grave riesgo, catástrofe y calamidad pública, y Fuerzas Armadas y actividades militares de la Guardia Civil.

Entre los **principios básicos** de la acción preventiva se incluyen la evaluación de riesgos, la planificación preventiva, la formación e información del personal, la vigilancia de la salud y la participación de los trabajadores en la gestión preventiva.

La ley determina que la **prevención debe integrarse** en todas las fases de la actividad empresarial, desde la planificación hasta la ejecución de las tareas. Para ello, se deben identificar los riesgos asociados a cada puesto, adoptar medidas preventivas adecuadas y garantizar que las condiciones de trabajo se adapten a las características físicas y psicológicas del personal.

En el contexto del trabajo con **equipos informáticos,** la Ley 31/1995 exige la evaluación de los riesgos ergonómicos, visuales y psicosociales derivados del uso prolongado de pantallas y dispositivos electrónicos. Estas disposiciones se regulan en los siguientes **artículos:**

Artículo 14. Derecho a la protección frente a los riesgos laborales
- Reconoce el derecho de las personas trabajadoras a una protección eficaz en materia de seguridad y salud en el trabajo. Obliga al empresario a garantizar dicha protección mediante la adopción de las medidas necesarias.

Artículo 15. Principios de la acción preventiva
- Establece los criterios que deben guiar la prevención, incluyendo la adaptación del trabajo a la persona, la planificación preventiva y la evaluación de riesgos.

Artículo 16. Evaluación de los riesgos y planificación de la actividad preventiva
- Desarrolla la obligación de evaluar los riesgos derivados de las condiciones de trabajo y de planificar las medidas necesarias para eliminarlos o reducirlos.

Artículo 22. Vigilancia de la salud
- Regula la obligación de garantizar una vigilancia periódica del estado de salud de las personas trabajadoras en función de los riesgos inherentes al trabajo, siempre respetando la confidencialidad y voluntariedad, salvo en casos excepcionales.

2.2. Real Decreto 39/1997, de 17 de enero, por el que se aprueba el Reglamento de los Servicios de Prevención

El Real Decreto 39/1997, desarrolla la Ley 31/1995, de Prevención de Riesgos Laborales, mediante la aprobación del **Reglamento de los Servicios de Prevención.**

Su **finalidad** es regular la organización y el funcionamiento de los medios humanos y materiales encargados de garantizar la seguridad y la salud en el trabajo dentro de las empresas.

Este reglamento define las modalidades de organización de la actividad preventiva, que pueden ser:

Asunción personal por el empresario
- Se aplica en empresas de reducido tamaño y bajo nivel de riesgo, donde el propio empresario se hace cargo, directamente, de la gestión preventiva, siempre que posea la formación y los medios necesarios.

Designación de trabajadores encargados de la actividad preventiva
- Consiste en asignar a uno o varios empleados la realización de funciones preventivas específicas dentro de la empresa, dotándolos de tiempo, medios y formación adecuados.

Constitución de un servicio de prevención propio
- Implica crear una unidad interna, especializada, con personal técnico cualificado y recursos suficientes para desarrollar de manera integral la gestión de la prevención en la empresa.

Concertación de la actividad preventiva con un servicio de prevención ajeno
- Permite contratar a una entidad externa acreditada que se encargue de realizar la evaluación de riesgos, la formación, la vigilancia de la salud y otras actividades preventivas.

En el caso de los **puestos con equipos informáticos,** este reglamento exige identificar los riesgos específicos asociados al uso de pantallas, teclados, ratones y mobiliario de oficina, con especial atención a los factores ergonómicos y psicosociales. La evaluación debe tener en cuenta la duración del trabajo ante pantallas, la postura corporal, las condiciones de iluminación y el nivel de carga mental. Dichos aspectos se regulan, concretamente, en estos artículos:

Artículo 3. Evaluación de riesgos
- Establece que la prevención debe comenzar con la evaluación de los riesgos para la seguridad y la salud de los trabajadores, considerando la naturaleza de la actividad, las características de los puestos de trabajo y las personas que los ocupan. Obliga a revisar dicha evaluación cuando se produzcan cambios en los equipos o en la organización del trabajo.

Artículo 4. Planificación de la actividad preventiva
- Dispone que, a partir de los resultados de la evaluación de riesgos, se debe planificar la actividad preventiva, definiendo las medidas necesarias, el plazo para su ejecución y los responsables de aplicarlas.

Artículo 5. Modalidades de organización de los recursos para desarrollar la actividad preventiva
- Regula las distintas formas de organización de la prevención (asunción por el empresario, designación de trabajadores, servicios propios o ajenos), asegurando que la empresa disponga de recursos técnicos y humanos suficientes.

2.3. Real Decreto 488/1997, de 14 de abril, sobre disposiciones mínimas de seguridad y salud relativas al trabajo con equipos que incluyen pantallas de visualización

El Real Decreto 488/1997, de 14 de abril, desarrolla la Ley 31/1995, de Prevención de Riesgos Laborales, estableciendo las disposiciones mínimas de seguridad y salud aplicables a los puestos de trabajo que incluyen pantallas de visualización de datos.

Su **objetivo** es prevenir los riesgos derivados del uso continuado de equipos informáticos, especialmente los de tipo visual, postural y mental.

Este Real Decreto **se aplica** a todas las personas que utilicen de forma habitual pantallas de visualización en su trabajo, y define las condiciones ergonómicas y ambientales que deben cumplir los puestos.

IMPORTANTE

Quedan excluidos de la aplicación del Real Decreto 488/1997 los equipos utilizados ocasionalmente, los de seguridad, los de transporte, las máquinas con pantallas integradas para manejo directo o los equipos portátiles usados de manera no continuada.

Entre los aspectos más importantes y destacables del Real Decreto 488/1997 se encuentra su **Anexo,** en el que se recogen las **exigencias mínimas** aplicables a los puestos de trabajo con pantallas de visualización. Dichas exigencias se organizan en diferentes apartados, que abarcan los equipos, el entorno físico y la organización de las tareas. Su **finalidad** es garantizar que el diseño y las condiciones del puesto favorezcan la comodidad, reduzcan la fatiga y eviten los trastornos musculoesqueléticos o visuales asociados al uso prolongado del ordenador. Las exigencias más importantes aquí recogidas son:

- ⮑ **Pantalla.** Debe ser orientable e inclinable para adaptarse a la posición de cada trabajador, evitando forzar el cuello o la vista. Los caracteres deben estar bien definidos, con contraste adecuado y tamaño suficiente para facilitar la lectura. La imagen debe ser estable, sin parpadeos ni reflejos. Se recomienda situar la pantalla a una distancia aproximada de 50 a 70 cm de los ojos y ligeramente por debajo del nivel visual. Además, se deben evitar fuentes de luz directa o reflejos procedentes de ventanas y luminarias.
- ⮑ **Teclado y ratón.** El teclado debe ser independiente de la pantalla, con superficie mate que evite reflejos, y debe estar colocado de modo que permita mantener los brazos relajados y los codos próximos al cuerpo. La altura y la inclinación deben posibilitar una posición cómoda de muñecas y antebrazos, evitando posturas forzadas.
  El ratón u otros dispositivos de entrada deben colocarse cerca del teclado, a la misma altura, para facilitar su manejo sin movimientos bruscos ni extensión excesiva del brazo. En caso de uso prolongado, se recomienda alternar el dispositivo entre ambas manos o emplear reposamuñecas ergonómicos.
- ⮑ **Mesa o superficie de trabajo.** Se debe disponer de espacio suficiente para colocar el equipo informático, el material de trabajo y los documentos, permitiendo cambios de postura y movimientos cómodos. La superficie ha de ser estable, con acabado mate y altura adaptada a las dimensiones del usuario y del asiento. Se recomienda un espacio libre inferior de, al menos, 70 cm de altura y 60 cm de profundidad para las piernas.

- **Asiento.** Debe ser estable, con cinco apoyos en el suelo, y regulable en altura y respaldo. El respaldo ha de sostener adecuadamente la región lumbar y permitir la movilidad. El borde del asiento debe ser redondeado y el material debe ser transpirable. En trabajos prolongados, es recomendable disponer de un reposapiés ajustable que facilite mantener los pies apoyados y mejore la circulación.
- **Iluminación y entorno.** La iluminación debe ser suficiente y uniforme, evitando deslumbramientos, reflejos o contrastes excesivos entre la pantalla y el entorno. Se recomienda aprovechar la luz natural, pero controlando su incidencia mediante cortinas o estores. La temperatura ambiental debe mantenerse entre 20 °C y 24 °C, con humedad relativa moderada (entre el 40 % y el 60 %) y buena ventilación. El nivel de ruido no debe interferir en la concentración ni en la comunicación.
- **Espacio y mobiliario.** El área de trabajo debe permitir libertad de movimientos y cambios de postura, evitando la sensación de confinamiento. El mobiliario debe ser estable, resistente y ajustarse a las características del personal que lo utiliza. Se recomienda disponer de espacio adicional para almacenar documentos y elementos auxiliares, evitando la acumulación de objetos que dificulten el acceso al equipo o entorpezcan la ventilación.

 ACTIVIDAD COMPLEMENTARIA

4. Tras la instalación del nuevo sistema informático de gestión, la dirección de Retales S. L. solicita a Rodrigo, responsable del área de prevención, que revise la normativa vigente sobre seguridad y salud en el trabajo con equipos informáticos.

Concretamente, debe analizar el Real Decreto 488/1997, de 14 de abril, que establece las disposiciones mínimas de seguridad y salud relativas al trabajo con equipos que incluyen pantallas de visualización y comprobar si, con las directrices que allí se dan, puede obtener información suficiente como para plantear las medidas preventivas mínimas y adecuadas en los puestos con equipos informáticos de la empresa.

Para ello, analiza el contenido del Real Decreto e indicarás qué artículos, y por qué, pueden ayudar a Rodrigo a establecer un marco básico preventivo desde el que partir con su plan de PRL.

3. Riesgos laborales derivados de la utilización de equipos informáticos

☞ HILO CONDUCTOR

Tras conocer la normativa aplicable, en Retales S. L. se ha iniciado la evaluación de los riesgos asociados al uso de los nuevos equipos informáticos. El personal técnico y administrativo emplea pantallas, teclados y periféricos durante gran parte de la jornada, por lo que se analizarán los posibles riesgos físicos, visuales y psicosociales que pueden derivarse de su utilización.

- -

El trabajo con equipos informáticos conlleva la exposición a diversos riesgos que, aunque pueden pasar desapercibidos, son capaces de afectar a la salud, la comodidad y el rendimiento del personal.

Aunque no suelen considerarse de alta gravedad, su aparición es frecuente y puede generar efectos acumulativos si no se aplican las medidas preventivas adecuadas.

En el caso que nos ocupa, catalogaremos estos riesgos en **dos grandes grupos:**

Riesgos laborales derivados del uso de equipos informáticos	Riesgos laborales indirectos
- Incluyen riesgos físicos causados por el uso directo de los equipos informáticos.	- Son riesgos asociados al entorno de trabajo, tales como caídas, golpes, incendios o deficiencias en el mantenimiento de las instalaciones.

Estos riesgos pueden ser físicos o psicosociales, y derivan tanto de las condiciones del puesto como de la organización del trabajo. Su identificación y control resultan esenciales para garantizar un entorno laboral seguro, eficiente y adaptado a las necesidades de las personas que lo utilizan.

 **VÍDEO**

En este vídeo se realiza un breve resumen de los principales riesgos que corren los trabajadores que utilizan equipos informáticos, así como de la mejor forma de prevenirlos.

https://redirectoronline.com/3001010402

3.1. Riesgos laborales derivados del uso de equipos informáticos

Como veníamos diciendo, el uso prolongado de equipos informáticos puede generar diversos riesgos para la salud si no se aplican medidas preventivas adecuadas.

Entre los riesgos más comunes, derivados del uso directo de equipos informáticos, se encuentran la carga mental, la fatiga visual y los trastornos musculoesqueléticos.

Los **principales riesgos** derivados del uso directo de equipos informáticos incluyen alteraciones físicas fácilmente reconocibles. Sin embargo, otros factores —como la organización del trabajo, la temperatura o el nivel de ruido— influyen directamente en el bienestar y el rendimiento del personal:

➲ **Fatiga visual.** Es uno de los **riesgos más frecuentes** asociados al trabajo prolongado con pantallas de visualización. Este trastorno se produce cuando los músculos oculares se someten a un esfuerzo continuado, sin los descansos necesarios, para mantener el enfoque y la atención en la pantalla.
  La exposición prolongada, una iluminación inadecuada, el brillo excesivo o la escasa distancia entre los ojos y el monitor constituyen factores de riesgo que pueden afectar la salud ocular y el rendimiento laboral.
  Entre los **peligros más comunes** se encuentran la sequedad ocular, la irritación, la visión borrosa, el enrojecimiento de los ojos y el dolor de cabeza. También puede aparecer sensación de pesadez en los párpados, lagrimeo excesivo o dificultad para enfocar objetos lejanos tras periodos prolongados frente a la pantalla.
  En casos de exposición constante y sin medidas preventivas adecuadas, la fatiga visual puede evolucionar hacia **trastornos más graves,** como la astenopía ocupacional o el síndrome visual informático (SVI), caracterizado por una combinación de síntomas visuales y musculares.
  Las **causas** más habituales de este riesgo se relacionan con condiciones lumínicas deficientes (reflejos, deslumbramientos, contraste insuficiente), configuración inadecuada de la pantalla (brillo elevado, caracteres poco definidos, parpadeo o mala resolución), y hábitos posturales incorrectos, como mantener la vista fija sin pausas o acercarse demasiado al monitor.

➲ **Problemas musculares.** El trabajo prolongado con equipos informáticos puede generar trastornos musculoesqueléticos, especialmente en la espalda, el cuello y las extremidades superiores. Estos trastornos se originan por posturas forzadas, movimientos repetitivos, falta de apoyo lumbar o inadecuada disposición del puesto de trabajo.
  Las **causas** más comunes suelen estar relacionadas con la altura del mobiliario, la ubicación de la pantalla o la ausencia de pausas durante la jornada.
  Entre los **riesgos más frecuentes** se encuentran:

  - **Dolor lumbar y cervical,** consecuencia de mantener la espalda curvada o el cuello inclinado hacia la pantalla durante periodos prolongados.
  - **Tendinitis o tenosinovitis en muñecas y antebrazos,** derivadas del uso intensivo del teclado o del ratón sin el apoyo adecuado.
  - **Síndrome del túnel carpiano,** producido por la compresión del nervio mediano de la muñeca al trabajar de forma continua con dispositivos de entrada.

◐ **Rigidez muscular y contracturas,** generadas por la falta de movilidad, el estrés postural o el diseño inadecuado del puesto.

◐ **Fatiga física generalizada,** debida a la ausencia de pausas o al mantenimiento de la misma postura durante largos periodos.

Además de las molestias físicas, estos riesgos pueden tener **consecuencias indirectas,** como la disminución de la concentración, el aumento de errores y la reducción del rendimiento laboral.

⊃ **Contacto eléctrico.** El **riesgo eléctrico** está presente en todos los entornos donde se utilizan equipos informáticos conectados a la red. Aunque la probabilidad de accidente sea baja en condiciones normales, cualquier fallo en el aislamiento, manipulación indebida o sobrecarga de la instalación puede generar descargas eléctricas, cortocircuitos, incendios o daños en los equipos.

Entre los **principales peligros eléctricos** se encuentran:

◐ **Contacto directo** con partes bajo tensión, que puede producirse al manipular enchufes, cables o equipos con la cubierta deteriorada.

◐ **Contacto indirecto,** originado por la conducción de corriente a través de superficies metálicas o carcasas defectuosas.

◐ **Sobrecargas y cortocircuitos,** consecuencia del uso simultáneo de múltiples dispositivos conectados a una misma toma o del empleo de regletas de baja calidad.

◐ **Calentamiento de los cables o enchufes,** derivado de un consumo superior al permitido o de una ventilación insuficiente en los equipos.

◐ **Falta de mantenimiento preventivo,** que puede provocar deterioro del aislamiento o acumulación de polvo en conexiones y fuentes de alimentación.

Los **efectos de una descarga eléctrica** pueden variar desde una ligera contracción muscular hasta quemaduras graves o paro cardiorrespiratorio, dependiendo de la intensidad de la corriente y del tiempo de exposición. Asimismo, los **incendios eléctricos** constituyen un riesgo adicional, especialmente cuando los cables están en contacto con materiales inflamables o fuentes de calor.

Medidas de seguridad

La aplicación de medidas de seguridad adecuadas permite prevenir o reducir los riesgos asociados al uso continuado de equipos informáticos. Estas medidas abarcan aspectos ergonómicos, visuales, eléctricos, ambientales y organizativos, y deben integrarse en la planificación preventiva de la empresa:

⊃ **Fatiga visual.** En este caso, como medida de seguridad, habrá que ajustar el brillo y el contraste de la pantalla, mantener una iluminación uniforme y realizar pausas visuales periódicas enfocando la vista hacia objetos lejanos.

Además, estas medidas deben aplicarse junto con otras igualmente importantes, sobre salud postural y ergonomía.

⊃ **Problemas musculares.** Para prevenir los problemas musculares es recomendable que el equipamiento sea el adecuado, y que se sigan las directrices de salud postural y ergonomía que se verán más adelante.

⊃ **Contacto eléctrico.** Para reducir los riesgos de un contacto eléctrico, directo o indirecto, deben aplicarse las siguientes medidas de seguridad:

  ◑ **Utilizar enchufes, regletas y alargadores homologados,** que dispongan de toma de tierra y protecciones contra sobrecarga.

  ◑ **Evitar la manipulación de equipos eléctricos** durante tormentas o cuando existan condiciones de humedad elevada.

  ◑ **Mantener el cableado ordenado y sin tensiones,** evitando dobleces o aplastamientos que puedan dañar el aislamiento.

  ◑ **Separar los cables de las fuentes de calor** y evitar su paso por zonas de tránsito o debajo de alfombrillas.

  ◑ **Comprobar el buen estado de los enchufes y conexiones** de forma periódica, comunicando cualquier anomalía al personal de mantenimiento.

  ◑ **Desconectar los equipos informáticos** de manera segura cuando sea necesario moverlos, limpiarlos o realizar tareas de mantenimiento.

 PARA SABER MÁS

Consulta este artículo para reconocer fácilmente los síntomas del síndrome de *burnout*.

https://redirectoronline.com/3001010403

3.2. Riesgos laborales indirectos

Además de los riesgos directamente vinculados al uso de equipos informáticos, existen otros factores que pueden afectar a la seguridad y la salud del personal en el entorno de trabajo. Estos se consideran riesgos laborales indirectos, ya que no derivan del manejo de los equipos en sí, sino de las condiciones generales del espacio y de la organización del trabajo.

Un ambiente térmico óptimo en el área de trabajo evita la fatiga, mejora el rendimiento y reduce los riesgos asociados al estrés térmico.

En concreto, aquí hacemos referencia a los **riesgos** que siguen:

- ➲ **Problemas en la organización del trabajo.** La organización del trabajo influye de forma directa en el bienestar psicológico, la motivación y el rendimiento del personal. Una mala organización puede originar riesgos psicosociales que afectan a la salud y a la eficacia en el puesto.
Entre los principales factores de riesgo se encuentran la excesiva carga de trabajo, la falta de autonomía, la presión por cumplir plazos, la ambigüedad en las funciones o la escasa comunicación interna.
Así, cuando las tareas no están bien planificadas o los recursos son insuficientes, puede producirse estrés laboral, ansiedad, fatiga mental o síndrome de agotamiento profesional *(burnout)*. También puede aparecer conflicto de rol, cuando las responsabilidades asignadas resultan poco claras o contradictorias, o falta de reconocimiento, que reduce la motivación y el compromiso con la empresa. A largo plazo, estos riesgos pueden derivar en bajas laborales, desajustes emocionales e incluso en un deterioro del clima laboral.
- ➲ **Ausencia de confort general.** El confort en el entorno de trabajo influye directamente en la salud y el rendimiento. Entre los principales factores de confort se distinguen:

◑ **Confort acústico.** El ruido ambiental es uno de los factores más subestimados en las oficinas y espacios con equipos informáticos.

Aunque no siempre alcanza niveles elevados, su **exposición continua** puede generar estrés, fatiga mental, irritabilidad, distracción y dificultad para concentrarse. Los ruidos intermitentes (como los timbres de teléfonos, las conversaciones cercanas o el funcionamiento de impresoras y ventiladores) provocan interrupciones cognitivas que alteran el ritmo de trabajo y reducen la atención sostenida.

◑ **Confort térmico.** Las condiciones térmicas del entorno también influyen en la salud y el rendimiento. El **frío excesivo** puede causar rigidez muscular, molestias articulares y disminución de la destreza manual, mientras que el **calor elevado** genera sudoración, deshidratación y somnolencia. Ambos extremos afectan la concentración y la precisión en el uso de equipos informáticos.

Las temperaturas inadecuadas pueden producir trastornos leves (cefaleas, cansancio, malestar general) o riesgos más graves, como alteraciones circulatorias, contracturas o irritabilidad derivada del disconfort térmico.

➲ **Carga mental.** El estrés laboral, la monotonía o la desmotivación pueden constituir un riesgo para la salud en el entorno de trabajo. Estos factores se relacionan con la carga mental, entendida como el esfuerzo cognitivo y emocional que requiere la realización de una tarea.

La carga mental no depende únicamente del volumen de trabajo, sino también de la complejidad de las tareas, del tiempo disponible para realizarlas y del grado de autonomía y control que se tenga sobre ellas.

Un nivel de carga mental excesivo puede provocar estrés, fatiga, disminución del rendimiento, errores frecuentes y alteraciones del sueño o del estado de ánimo. Por el contrario, una carga mental insuficiente, derivada de tareas monótonas o repetitivas, puede generar desmotivación, apatía o falta de concentración.

En ambos casos, el equilibrio entre exigencias y capacidades resulta esencial para preservar la salud mental y mantener la eficacia en el desempeño.

➲ **Caídas y golpes.** Las caídas al mismo nivel constituyen uno de los accidentes más comunes en los entornos administrativos y de oficina. Aunque en la mayoría de los casos no producen lesiones graves, pueden ocasionar esguinces, contusiones, fracturas o golpes en la cabeza, además de bajas laborales y pérdidas de productividad.

Este tipo de accidentes se produce principalmente por superficies resbaladizas, cables o materiales mal colocados, suelos irregulares o iluminación insuficiente que impide detectar obstáculos.

Entre los factores que aumentan el riesgo de caída se encuentran la limpieza inadecuada del suelo, el uso de calzado sin suela antideslizante, la acumulación de objetos en zonas de paso y la falta de señalización en áreas con desniveles o superficies húmedas. Además, los derrames de líquidos, los productos de limpieza mal aplicados o el uso de alfombrillas sueltas pueden provocar resbalones inesperados.

Por su parte, los golpes contra objetos inmóviles o en movimiento representan otro tipo de riesgo frecuente en oficinas y zonas con equipos informáticos.

Estos accidentes pueden causar contusiones, cortes, hematomas o lesiones articulares, especialmente en las extremidades superiores, la cabeza o el tronco.

Los peligros más comunes se originan por disposición inadecuada del mobiliario, cajones o puertas abiertas, movimiento de sillas con ruedas, desplazamientos rápidos en espacios reducidos o almacenamiento inadecuado de materiales. En muchos casos, la falta de atención o la prisa al desplazarse entre zonas de trabajo incrementan la probabilidad de impacto.

Asimismo, el uso de equipos de oficina sin las protecciones adecuadas o sin cumplir los requisitos de seguridad puede agravar las consecuencias de un golpe. Por ello, todos los muebles, armarios, estanterías y dispositivos informáticos deben contar con el marcado CE y mantenerse en condiciones óptimas mediante revisiones periódicas.

Medidas de seguridad

La prevención de los riesgos laborales indirectos requiere adoptar medidas que garanticen la seguridad y el bienestar en el entorno de trabajo.

Estas actuaciones deben centrarse en la organización del espacio, el mantenimiento de las instalaciones y la mejora del confort general, con el fin de evitar accidentes, reducir la fatiga y promover un ambiente laboral saludable.

En concreto, hablamos de:

⊃ **Problemas en la organización del trabajo. Las medidas de carácter organizativo** desempeñan un papel esencial en la prevención de los riesgos psicosociales derivados de una estructura laboral rígida o poco participativa. Su aplicación permite equilibrar las exigencias de la empresa con las necesidades del personal, reduciendo la aparición de estrés, desmotivación y fatiga mental.

Para mejorar la percepción de control y participación en el entorno laboral, se recomienda:

◐ **Facilitar la organización individual del trabajo:** permitir que cada persona planifique y distribuya sus tareas conforme a su propio ritmo y capacidad mejora la eficiencia y refuerza la responsabilidad individual. Esta autonomía contribuye a disminuir la presión psicológica y a optimizar la gestión del tiempo.

◐ **Fomentar la participación en las decisiones:** incluir al personal en los procesos de toma de decisiones que afecten a sus funciones o al desarrollo de su área de trabajo favorece el compromiso y la identificación con los objetivos de la organización. La participación también actúa como medida preventiva frente al sentimiento de aislamiento o falta de reconocimiento.

◐ **Promover la comunicación interna y el trabajo colaborativo:** establecer canales de comunicación claros y bidireccionales entre los diferentes niveles jerárquicos evita malentendidos, mejora la coordinación y previene conflictos laborales. Un entorno comunicativo transparente reduce la incertidumbre y refuerza la cohesión del grupo.

◐ **Definir de manera clara las funciones y responsabilidades:** una delimitación precisa de las tareas y expectativas evita la ambigüedad de rol, que constituye una fuente habitual de estrés laboral. Conocer los objetivos, los recursos disponibles y los límites de actuación contribuye a un desempeño más equilibrado.

◐ **Establecer mecanismos de reconocimiento y retroalimentación:** valorar los logros individuales y colectivos refuerza la motivación, genera satisfacción laboral y disminuye la sensación de esfuerzo no recompensado.

◐ **Favorecer la flexibilidad organizativa:** ajustar horarios, cargas de trabajo y procedimientos operativos según las necesidades del personal o las circunstancias del entorno contribuye a mantener un equilibrio entre la productividad y el bienestar.

◐ **Capacitar a los mandos intermedios en liderazgo preventivo:** formar a las personas responsables de equipos en comunicación empática, resolución de conflictos y gestión emocional ayuda a crear un ambiente laboral positivo y a detectar de forma temprana señales de sobrecarga o desmotivación.

➲ **Ausencia de confort general.** Para mantener los estándares de confort en el área de trabajo, habrá que tener en cuenta ciertas recomendaciones, junto con las **medidas de salud postural y ergonomía:**

◐ **Confort acústico.** Es recomendable:

⇕ Regular los tonos y volúmenes de los teléfonos, avisos o sistemas de mensajería interna, de modo que sean perceptibles sin resultar molestos.

⇕ Desactivar los sonidos innecesarios de los dispositivos informáticos, como notificaciones automáticas o alertas continuas.

⇕ Ubicar impresoras, fotocopiadoras o equipos ruidosos en áreas específicas o separadas de los puestos de trabajo.

⇕ Instalar materiales fonoabsorbentes (paneles, moquetas, techos acústicos o biombos) que reduzcan la reverberación y mejoren la calidad sonora del espacio.

⇕ Distribuir los puestos de trabajo de manera que se eviten las concentraciones de ruido en zonas determinadas, especialmente en oficinas abiertas.

⇕ Promover el respeto acústico mediante normas básicas de convivencia, como mantener un tono de voz moderado o evitar conversaciones innecesarias en el área de trabajo.

Estas medidas permiten mantener el nivel de ruido por debajo de los 50 decibelios (dB), valor recomendado para tareas que requieren concentración visual o cognitiva. De este modo, se mejora la atención, se reducen los errores derivados de la distracción y se favorece un entorno de trabajo más saludable y eficiente.

◑ **Confort térmico.** Para lograr unas **condiciones térmicas adecuadas,** conviene **regular los sistemas de climatización** de manera que se mantengan valores estables y confortables para el trabajo prolongado con equipos informáticos. Una temperatura inadecuada o las variaciones bruscas entre zonas pueden generar malestar térmico, pérdida de concentración y fatiga, e incluso trastornos físicos como cefaleas, sequedad ocular, rigidez muscular o problemas respiratorios.

El **mantenimiento de la temperatura** entre 17 °C y 27 °C y de una **humedad** relativa entre el 30 % y el 70 % resulta fundamental para garantizar el confort térmico. En los meses cálidos, se recomienda **evitar la exposición directa a corrientes de aire frío** procedentes de sistemas de aire acondicionado, mientras que, en épocas frías, debe prevenirse la acumulación de aire caliente en zonas puntuales. Asimismo, es importante realizar un **mantenimiento preventivo** de los equipos de climatización, que incluya la limpieza de filtros y conductos para evitar la acumulación de polvo, bacterias o alérgenos que puedan afectar a la salud respiratoria del personal. Un sistema de ventilación correctamente ajustado contribuye a renovar el aire, mantener una adecuada oxigenación y eliminar partículas o contaminantes generados por el propio uso de los equipos informáticos.

También debe considerarse la **distribución del mobiliario y de los equipos,** evitando que las salidas de aire incidan directamente sobre los trabajadores. En oficinas donde la temperatura no sea uniforme, es aconsejable instalar sensores ambientales que regulen automáticamente el funcionamiento del sistema de climatización y garanticen un confort homogéneo en toda la zona de trabajo.

El control térmico del entorno, junto con una ventilación eficaz, permite crear un ambiente estable y saludable que favorece la concentración, reduce la fatiga física y mental y contribuye a la prevención de riesgos laborales asociados al uso continuado de equipos informáticos.

⮑ **Carga mental.** La aplicación de medidas preventivas adecuadas permite reducir los efectos negativos de la carga mental y mantener un equilibrio entre las exigencias del trabajo y las capacidades de la persona. Estas medidas deben integrarse en la planificación preventiva de la empresa y deben contemplar tanto la organización de las tareas como los hábitos personales de salud y bienestar.

Entre las principales **medidas de seguridad orientadas a prevenir la sobrecarga mental** destacan las siguientes:

◌ **Diversificación de tareas:** alternar actividades de diferente complejidad o naturaleza contribuye a reducir la monotonía y a mantener la atención. Combinar tareas administrativas con gestiones breves o actividades que requieran movimiento favorece el descanso cognitivo.

◌ **Pausas periódicas:** se recomienda realizar breves descansos de entre 5 y 10 minutos cada hora, o pausas más largas cada dos horas de trabajo continuado. Durante este tiempo es conveniente levantarse, caminar o realizar ejercicios de estiramiento para relajar la musculatura y disminuir la tensión mental.

◌ **Autonomía en la organización del trabajo:** permitir que cada persona planifique y ordene sus tareas de acuerdo con su ritmo y método de trabajo aumenta la sensación de control, reduce la presión psicológica y mejora la eficiencia.

◌ **Formación y comunicación interna:** ofrecer formación sobre gestión del tiempo, técnicas de relajación o prevención del estrés, así como fomentar una comunicación fluida entre mandos y personal, ayuda a prevenir la aparición de ansiedad y desmotivación.

◌ **Ambiente laboral adecuado:** mantener un clima laboral positivo, con relaciones basadas en la confianza, el respeto y la colaboración, disminuye la tensión emocional y fomenta la implicación con las metas de la organización.

◌ **Hábitos de vida saludable:** una alimentación equilibrada, el descanso suficiente y la práctica regular de ejercicio físico fortalecen la resistencia al estrés y mejoran la capacidad de recuperación mental.

◌ **Apoyo técnico y psicológico:** disponer de programas de asesoramiento o acompañamiento psicológico, especialmente en periodos de alta carga de trabajo, permite detectar de forma temprana situaciones de riesgo y aplicar medidas correctoras.

Estas actuaciones, combinadas con una adecuada gestión del tiempo y una planificación racional de los recursos, permiten prevenir el agotamiento emocional y la fatiga mental, garantizando un entorno de trabajo más saludable y productivo.

⊃ **Caídas y golpes.** Para **minimizar los riesgos de caídas y golpes,** es necesario garantizar un entorno de trabajo ordenado, seguro y adaptado a las condiciones del personal.

Las **superficies de tránsito** deben mantenerse en buen estado, limpias, secas y libres de obstáculos, utilizando revestimientos antideslizantes en aquellas zonas donde exista riesgo de humedad o derrames. El **mantenimiento preventivo de los suelos** debe incluir la revisión periódica de pavimentos, alfombrillas y uniones, asegurando su estabilidad y evitando desniveles o irregularidades.

El **cableado** debe canalizarse correctamente mediante cubre cables, pasacables o sistemas de sujeción que impidan su dispersión por el suelo. Se recomienda evitar las extensiones innecesarias y emplear únicamente alargadores o regletas homologados. En los puestos con múltiples dispositivos informáticos, la organización del cableado y la señalización de los recorridos reducen significativamente la posibilidad de tropiezos.

En cuanto a la **iluminación del área de trabajo,** esta debe garantizar una visibilidad adecuada en zonas de paso, escaleras y accesos, evitando deslumbramientos o sombras que dificulten la detección de obstáculos. La combinación de luz natural y artificial equilibrada contribuye a mejorar la percepción del entorno y la seguridad en los desplazamientos.

Igualmente, el **orden y la limpieza** son factores básicos de prevención. Los materiales, herramientas o documentos deben colocarse en lugares designados, evitando su acumulación en el suelo o sobre superficies inestables. Del mismo modo, el mobiliario debe situarse de manera que no invada las zonas de paso ni dificulte la evacuación.

Por último, la **formación del personal** en buenas prácticas de seguridad y la vigilancia periódica de las condiciones del entorno resultan esenciales para detectar y corregir posibles deficiencias. Fomentar una cultura preventiva basada en la responsabilidad compartida contribuye a mantener espacios seguros y a reducir la siniestralidad derivada de caídas o golpes.

 PARA SABER MÁS

El marcado CE garantiza que los equipos, herramientas y mobiliario cumplen las normas europeas de seguridad, salud y protección del medioambiente.

Continúa en página siguiente >>

<< Viene de página anterior

Su presencia es esencial para prevenir riesgos laborales derivados del uso de productos o dispositivos no certificados.

https://redirectoronline.com/3001010404

 ACTIVIDAD 4

En las oficinas de Retales S. L., se ha detectado la presencia de cables en las zonas de paso, mobiliario mal ubicado y una iluminación deficiente que dificulta la visibilidad. Además, algunos extintores se encuentran bloqueados por cajas y los equipos de aire acondicionado no han sido revisados en el último año.

El responsable del área de prevención debe aplicar medidas para garantizar la seguridad del personal y mejorar las condiciones del entorno. ¿Qué medidas serían adecuadas para reducir los riesgos laborales indirectos presentes en las oficinas?

4. Salud postural

 HILO CONDUCTOR

Durante la evaluación preventiva se ha observado que varios trabajadores adoptan posturas inadecuadas frente al ordenador y presentan molestias musculares. Para evitar lesiones y mejorar el bienestar, se abordarán los principios básicos de la ergonomía y las pautas de salud postural aplicables al trabajo con equipos informáticos en oficinas y puestos administrativos.

La postura adoptada frente al equipo informático influye directamente en la salud y el confort durante la jornada laboral. Es fundamental mantener una posición equilibrada y estable, evitando correr riesgos innecesarios.

DEFINICIÓN

Salud postural

También denominada "higiene postural", se define como el conjunto de hábitos y condiciones corporales que permiten mantener una alineación adecuada del cuerpo durante las actividades diarias y laborales. Su objetivo es prevenir tensiones, dolores y lesiones musculoesqueléticas, favoreciendo el equilibrio, la estabilidad y el bienestar físico a lo largo del tiempo.

- -

La salud postural en el trabajo se basa en un conjunto de normas y hábitos que permiten mantener una correcta alineación corporal durante la jornada laboral, con el fin de prevenir lesiones musculoesqueléticas, mejorar el confort y aumentar la eficiencia. Entre los **principios** que rigen las directrices de higiene postural, destacan los siguientes:

- **Alineación corporal adecuada.** Mantener la espalda recta, los hombros relajados y el cuello alineado con el tronco para evitar tensiones en la columna vertebral.
- **Distribución equilibrada del peso.** Evitar posturas que carguen de forma desigual el cuerpo; los pies deben apoyarse completamente en el suelo o en un reposapiés.
- **Movilidad y cambios de postura.** Alternar la posición corporal y realizar pausas activas para reducir la rigidez muscular y mejorar la circulación.
- **Ajuste ergonómico del mobiliario.** Adaptar la altura de la mesa, la silla y la pantalla a las características físicas de cada persona.
- **Organización del espacio de trabajo.** Disponer los elementos de uso frecuente (teclado, ratón, documentos, etc.) dentro del campo visual y al alcance de la mano, evitando giros o estiramientos innecesarios.
- **Uso correcto de equipos y herramientas.** Emplear mobiliario y dispositivos homologados que favorezcan una postura estable y reduzcan el esfuerzo físico.
- **Iluminación adecuada.** Garantizar un nivel lumínico uniforme para evitar la fatiga visual y la inclinación forzada del cuello.

- **Educación y formación postural.** Fomentar el conocimiento de buenas prácticas ergonómicas mediante la información y la formación del personal.
- **Pausas y ejercicios de relajación.** Realizar descansos breves cada cierto tiempo y ejercicios de estiramientos para prevenir contracturas.
- **Conciencia corporal.** Mantener la atención sobre la propia postura y corregir hábitos incorrectos de forma consciente durante la jornada laboral.

 **VÍDEO**

Echa un vistazo a este vídeo explicativo sobre higiene postural, para comprender cómo puede mejorar nuestro día a día.

https://redirectoronline.com/3001010405

4.1. Qué es la ergonomía

A diferencia de la salud o higiene postural, la ergonomía puede considerarse una ciencia que estudia cómo adaptar el entorno de trabajo a las características físicas y psicológicas de las personas, con el propósito de mejorar la seguridad, la comodidad y la eficiencia.

 **DEFINICIÓN**

Ergonomía
Se define como la disciplina preventiva orientada a adaptar las condiciones del puesto de trabajo a las características físicas y mentales de las personas, con el fin de garantizar su seguridad, salud y bienestar.

Por su parte, la salud o higiene postural comprende el conjunto de normas y técnicas orientadas a mantener una postura corporal adecuada y prevenir lesiones derivadas de posiciones o movimientos incorrectos.

Partiendo de esta diferenciación, es posible afirmar que la **finalidad** de la ergonomía es lograr que las herramientas, equipos y mobiliario se ajusten a las necesidades de quien los utiliza. En ergonomía, es el puesto de trabajo el que debe adaptarse a la persona, y no al contrario.

Para que los principios ergonómicos funcionen, deben establecerse los requisitos técnicos y funcionales que los equipos de trabajo deben cumplir.

Los **aspectos básicos** a considerar en la **aplicación de la ergonomía** son los siguientes:

Organización
- Debe ser adecuada sobre el trabajo y las tareas, evitando sobrecargas físicas o mentales.

Diseño correcto de las instalaciones
- Garantizando condiciones ambientales óptimas de iluminación, temperatura y ventilación.

Selección apropiada del equipamiento
- Independientemente de cuál sea (sillas, mesas y equipos informáticos), y siempre según las características antropométricas del personal.

Continúa en página siguiente >>

<< Viene de página anterior

> **Configuración ergonómica del puesto de trabajo**
> - Que permita adoptar una postura natural, equilibrada y segura.

> **Formación e información al personal**
> - Haciendo hincapié en las buenas prácticas posturales y el uso correcto del mobiliario y los equipos.

En contraposición, los indicios que indican **ausencia de medidas ergonómicas** en el puesto de trabajo son:

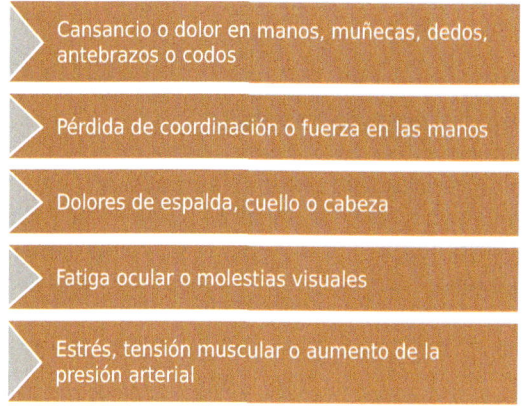

> Cansancio o dolor en manos, muñecas, dedos, antebrazos o codos

> Pérdida de coordinación o fuerza en las manos

> Dolores de espalda, cuello o cabeza

> Fatiga ocular o molestias visuales

> Estrés, tensión muscular o aumento de la presión arterial

 **APLICACIÓN PRÁCTICA**

Varios empleados de Retales S. L. han comunicado la aparición de dolor en la espalda, cansancio visual y tensión muscular. Durante la revisión preventiva se detecta que los monitores están mal colocados, las sillas no se ajustan correctamente y el personal no ha recibido formación sobre ergonomía.

El responsable del área de prevención debe aplicar medidas para mejorar la disposición de los puestos y reducir las molestias detectadas.

Continúa en página siguiente >>

<< Viene de página anterior

¿Qué medidas ergonómicas serían adecuadas para mejorar la salud postural y prevenir los síntomas observados?

Solución

Una correcta aplicación de la ergonomía requiere ajustar el puesto de trabajo a las características del personal, garantizando la alineación corporal adecuada y la prevención de la fatiga física y visual. Es fundamental organizar las tareas de manera equilibrada, utilizar mobiliario ajustable y formar al personal en buenas prácticas posturales. Estas medidas reducen los síntomas de una mala ergonomía —como dolores musculares, tensión, estrés o pérdida de coordinación— y favorecen un entorno laboral más saludable y eficiente.

4.2. Ergonomía del área de trabajo

La **ergonomía aplicada al entorno laboral** tiene como finalidad adaptar el puesto de trabajo a las características físicas y cognitivas de las personas, con el objetivo de garantizar la seguridad, el bienestar y la eficiencia durante la jornada.

 SABÍAS QUE...

Esta disciplina estudia la relación entre el individuo, los equipos y el entorno, procurando que las condiciones del espacio permitan mantener una postura adecuada, reducir la fatiga física y mental y prevenir lesiones musculoesqueléticas.

En el caso de los **puestos con equipos informáticos,** la ergonomía adquiere especial relevancia, ya que un diseño inadecuado del mobiliario o de la disposición del espacio puede derivar en molestias, estrés o fatiga visual. Por ello, la aplicación de principios ergonómicos en el área de trabajo resulta esencial para optimizar el rendimiento, favorecer la comodidad y proteger la salud del personal.

En concreto, deben tenerse en cuenta los aspectos que siguen:

➲ **Silla.** Es el elemento más determinante en la prevención de trastornos musculoesqueléticos en puestos con pantallas de visualización. Debe ser **ajustable** en altura, inclinación y respaldo, con un diseño que permita mantener la curvatura natural de la columna vertebral y reduzca la presión en las zonas de apoyo.

El **asiento** debe ser firme pero acolchado, de material transpirable y con borde frontal redondeado para evitar la compresión en los muslos y favorecer la circulación sanguínea. Su altura debe permitir que los pies queden apoyados completamente en el suelo y los brazos formen un ángulo de 90° respecto al teclado, manteniendo las rodillas a la misma altura o ligeramente por debajo de las caderas.

El **respaldo** debe ajustarse en altura y proporcionar un soporte lumbar eficaz, adaptándose a la curvatura de la zona baja de la espalda. Es aconsejable que tenga una ligera inclinación hacia atrás (entre 95° y 110°), lo que ayuda a disminuir la presión intervertebral y la tensión muscular. Asimismo, se recomienda que la silla disponga de **apoyabrazos** regulables, para mantener los codos próximos al cuerpo y evitar la sobrecarga en hombros y cuello.

La **base** de la silla debe tener cinco puntos de apoyo con ruedas estables que faciliten los movimientos sin generar desequilibrio.

➲ **Mesa de trabajo.** La mesa debe permitir realizar las tareas con amplitud, comodidad y orden, evitando movimientos forzados, inclinaciones o torsiones del tronco. Se aconseja una **altura** entre 70 y 75 cm, una **profundidad** de 80 a 100 cm y un ancho entre 120 y 160 cm, **dimensiones** que facilitan una postura relajada y estable.

El **espacio inferior** debe permitir libertad de movimiento para las piernas, sin obstáculos ni elementos estructurales que impidan la movilidad. Se recomienda mantener al menos 1,5 m de espacio libre alrededor del puesto de trabajo, lo que favorece la accesibilidad y la circulación.

El **tablero** ha de ser mate y de colores neutros, para evitar reflejos que generen fatiga visual. Los bordes deben ser redondeados y el material debe ser resistente y fácil de limpiar. Si la mesa no es regulable, puede complementarse con un reposapiés o plataformas ajustables para alcanzar la posición adecuada.

Es aconsejable mantener la **superficie despejada,** colocando los objetos de uso frecuente al alcance de la mano, dentro de un radio de movimiento natural de los brazos. Los documentos y materiales menos utilizados deben almacenarse en bandejas, cajoneras o archivadores laterales para evitar acumulación sobre la mesa.

➲ **Pantalla.** La pantalla del ordenador debe situarse frente al usuario, con la **parte superior del monitor** a la altura de los ojos o ligeramente por debajo (10°-20°), lo que permite mantener una postura neutra del cuello.

La **distancia visual** recomendada oscila entre 40 y 70 cm, con un promedio de 55 cm, ajustándose al tamaño del monitor y a la agudeza visual de la persona.

Debe **evitarse la exposición directa** a fuentes de luz natural o artificial que provoquen reflejos o deslumbramientos. Por ello, la pantalla se debe colocar perpendicular a las ventanas o se deben emplear cortinas y filtros antirreflejos.

El **brillo, el contraste y la temperatura** del color deben ajustarse a las condiciones de iluminación del entorno. Además, se recomienda limpiar periódicamente la superficie del monitor para evitar acumulación de polvo, ya que puede afectar a la visibilidad y obligar a forzar la vista.

- **Teclado y ratón.** El teclado debe **colocarse** frontalmente respecto al usuario, separado de 10 a 15 cm del borde de la mesa, lo que permite apoyar las muñecas y antebrazos sin ejercer presión.

  Su **inclinación** debe ser regulable (entre 0° y 15°), y la superficie debe ser mate y antirreflectante, para reducir el cansancio visual.

  Durante su uso, los brazos deben mantenerse relajados, con los hombros sin tensión y los codos próximos al cuerpo. El uso de reposamuñecas ergonómicos puede ayudar a mantener la alineación de la muñeca y prevenir el síndrome del túnel carpiano.

  El **ratón** debe situarse a la misma altura y lo más cerca posible del teclado, permitiendo movimientos cortos y naturales. Su forma debe **adaptarse a la mano del usuario,** con un diseño que reduzca la torsión del antebrazo. Los ratones verticales o con soporte para el pulgar resultan especialmente recomendables para trabajos prolongados.

  Además, se aconseja alternar el uso del ratón con atajos de teclado y realizar pausas breves y ejercicios de movilidad para evitar la rigidez de las articulaciones.

- **Reposapiés.** Es un complemento ergonómico destinado a favorecer la correcta postura de las piernas cuando la altura de la mesa o de la silla no permite un apoyo completo de los pies en el suelo. Su utilización reduce la presión en los muslos, mejora la circulación venosa y previene la fatiga lumbar.

  Debe tener una **altura ajustable** hasta 25 cm, con inclinación de 10° a 15° y superficie antideslizante. También se recomienda que sea estable y de base ancha, para facilitar los pequeños movimientos de los pies sin perder el equilibrio.

 **TAREA 4**

Tras la implantación del nuevo sistema de gestión, las horas de trabajo con ordenador se han duplicado en varios departamentos.

Durante la primera semana de trabajo, se observa que algunos empleados adoptan posturas inadecuadas tras horas de trabajo, como inclinarse hacia adelante para ver la pantalla, girar el tronco para alcanzar el ratón o mantener los pies colgando debido a la altura fija de las mesas. Además, los monitores están colocados de forma desigual y algunos reflejan la luz procedente de las ventanas.

El área de prevención ha decidido realizar un ajuste integral de los puestos de trabajo, aplicando las normas ergonómicas adecuadas para evitar molestias musculares y oculares.

¿Qué modificaciones deberían aplicarse en la disposición del equipamiento y en la organización del espacio para cumplir con los principios ergonómicos?

5. Resumen

El uso de equipos informáticos constituye una actividad fundamental en la mayoría de los entornos laborales, pero también puede generar riesgos si no se aplican medidas preventivas adecuadas.

La **prevención de riesgos laborales** en este ámbito tiene como **finalidad** garantizar condiciones seguras y saludables, evitando la aparición de trastornos físicos, visuales o mentales asociados al uso prolongado de pantallas, teclados y periféricos.

A este respecto, la **normativa española** establece las condiciones mínimas de seguridad y salud en los lugares de trabajo donde se utilizan equipos informáticos. En concreto, son tres las normas encargadas de este marco.

Ley 31/1995, de Prevención de Riesgos Laborales
- Promueve la seguridad y la salud mediante la integración de la prevención en todas las fases de la actividad empresarial.
- Exige la evaluación de riesgos, la planificación preventiva, la formación y la vigilancia de la salud, prestando especial atención a los riesgos ergonómicos y visuales derivados del trabajo ante pantallas.

Real Decreto 39/1997, por el que se aprueba el Reglamento de los Servicios de Prevención
- Regula la organización de la actividad preventiva dentro de la empresa, definiendo las modalidades de actuación y la necesidad de evaluar las condiciones de trabajo en función de la postura corporal, la iluminación y la carga mental.

Real Decreto 488/1997, sobre disposiciones mínimas de seguridad y salud relativas al trabajo con equipos que incluyen pantallas de visualización
- Establece los requisitos específicos para prevenir los riesgos visuales, posturales y mentales asociados al uso continuado de ordenadores.
- Su anexo detalla los requisitos que deben cumplir los equipos, el entorno físico y la organización de las tareas.

Estos reglamentos se enfocan en la prevención de diversos riesgos laborales, derivados del trabajo prolongado con equipos informáticos, que afectan tanto al cuerpo como al bienestar psicológico del personal. Dichos **riesgos** se clasifican en:

Riesgos directos (derivados del uso de equipos informáticos)	Riesgos indirectos
- Se derivan del uso continuado de pantallas, teclados y ratones, y pueden provocar fatiga visual, tensión muscular, dolor de espalda o cuello y estrés.	- Incluyen carga mental, caídas, golpes, incendios o problemas relacionados con la organización del trabajo y el confort ambiental, como una iluminación inadecuada, la presencia de cables en zonas de paso o la falta de mantenimiento de las instalaciones.

Como aliadas a dicha prevención, se encuentran la salud postural y la ergonomía en el área de trabajo.

La **salud postural** se basa en la adopción de hábitos y posiciones corporales que permiten mantener una alineación adecuada del cuerpo durante la jornada laboral. Su objetivo es prevenir tensiones, dolores y lesiones musculoesqueléticas, manteniendo el equilibrio, la estabilidad y el bienestar físico. La **ergonomía,** por su parte, se define como la disciplina que adapta el entorno de trabajo a las características físicas y cognitivas de las personas, con el fin de garantizar la seguridad y mejorar la eficiencia. Ambas se relacionan estrechamente: la ergonomía modifica el entorno y la salud postural regula la conducta corporal para interactuar de forma correcta con él.

La aplicación de estos principios ergonómicos, unida a pausas regulares y a la formación en buenas prácticas posturales, resulta esencial para mantener la salud y el bienestar en los puestos de trabajo con equipos informáticos. Al igual que la prevención de riesgos en este ámbito no solo reduce la fatiga y las lesiones musculoesqueléticas, sino que también incrementa la productividad y mejora el clima laboral.

De este modo, **la integración de la ergonomía, la salud postural y el cumplimiento de la normativa vigente** permite crear entornos de trabajo seguros, saludables y adaptados a las necesidades del personal, garantizando así el equilibrio entre eficiencia y bienestar físico en la actividad diaria.

Ejercicios de autoevaluación
Unidad de Aprendizaje 4

1. Determina si la siguiente afirmación es verdadera o falsa: "La Ley 31/1995, de Prevención de Riesgos Laborales, solo se aplica a empresas del sector industrial".

   - Verdadero
   - Falso

2. Determina si la siguiente afirmación es verdadera o falsa: "El Real Decreto 488/1997 regula las condiciones ergonómicas y ambientales de los puestos de trabajo que incluyen pantallas de visualización de datos".

   - Verdadero
   - Falso

3. ¿Qué consecuencias puede tener una mala postura prolongada frente al ordenador?

   a. Dolores musculares y rigidez cervical
   b. Fatiga visual y disminución del rendimiento
   c. Estrés y agotamiento mental
   d. Todas las opciones son correctas.

4. ¿Qué posición es la más adecuada para trabajar frente al ordenador?

   a. Con la espalda apoyada en el respaldo y los pies firmes en el suelo o en un reposapiés
   b. Con el cuerpo inclinado hacia adelante para acercarse a la pantalla
   c. Con las piernas cruzadas y la espalda separada del respaldo
   d. Con los brazos extendidos sobre la mesa para alcanzar el teclado

5. Determina si la siguiente afirmación es verdadera o falsa: "Una iluminación excesiva o con reflejos sobre la pantalla puede causar fatiga visual y dolores de cabeza".

■ Verdadero
■ Falso

6. ¿Cuáles son los principales riesgos derivados del uso prolongado de equipos informáticos?

a. Trastornos musculoesqueléticos
b. Fatiga visual y carga mental
c. Caídas a distinto nivel
d. Mala organización del trabajo

7. ¿Qué medidas de seguridad ayudan a prevenir los riesgos laborales indirectos?

a. Mantener despejadas las zonas de paso.
b. Colocar mobiliario en pasillos para aprovechar el espacio.
c. Revisar periódicamente los equipos eléctricos y de climatización.
d. Realizar un mantenimiento periódico de las instalaciones.

8. Determina si la siguiente afirmación es verdadera o falsa: "El marcado CE certifica que los equipos y mobiliario cumplen las normas europeas de seguridad, salud y medioambiente".

■ Verdadero
■ Falso

9. ¿Qué elementos deben ajustarse para garantizar una postura ergonómica frente al ordenador?

a. Altura de la silla y posición del respaldo
b. Distancia y altura de la pantalla
c. Ubicación del teclado y del ratón
d. Todas las opciones son correctas.

10. **Determina cuál de las siguientes afirmaciones define correctamente la ergonomía:**

    a. Ciencia que estudia las relaciones sociales en el entorno laboral
    b. Disciplina que adapta el entorno de trabajo a las características de las personas
    c. Conjunto de normas que regulan la iluminación de las oficinas
    d. Técnica que evalúa el estrés laboral

Glosario

Backup empresarial
Copia de seguridad de los datos críticos de una organización, destinada a garantizar su recuperación ante fallos, pérdidas o ciberataques.

BIOS
Sistema básico de entrada y salida que inicializa el *hardware* del equipo y gestiona el arranque del sistema operativo almacenado en la memoria ROM.

Bugs
Errores o fallos en el código de un programa que provocan un funcionamiento incorrecto o resultados no previstos.

Circumaural
Tipo de auricular que rodea completamente la oreja, ofreciendo aislamiento acústico y comodidad en sesiones de uso prolongado.

Condición de trabajo
Cualquier característica del trabajo que pueda tener una influencia significativa en la generación de riesgos para la seguridad y la salud del trabajador.

Internet
Red mundial de comunicación que interconecta millones de dispositivos mediante protocolos comunes, y permite el intercambio de información y servicios digitales.

LAN *(local area network)*
Red de área local que conecta dispositivos dentro de un espacio limitado, sin relación con la antropometría.

Multicore
Arquitectura de procesadores que integra varios núcleos de ejecución independientes dentro de un mismo chip, lo que permite realizar múltiples tareas simultáneamente.

Pantalla de visualización
Pantalla alfanumérica o gráfica, independientemente del método de representación visual utilizado.

Prevención
Conjunto de actividades o medidas adoptadas o previstas en todas las fases de actividad de la empresa con el fin de evitar o disminuir los riesgos derivados del trabajo.

Puesto de trabajo
Espacio constituido por un equipo con pantalla de visualización provisto, en su caso, de un teclado o dispositivo de adquisición de datos, de un programa para la interconexión persona/máquina, de accesorios ofimáticos y de un asiento y mesa o superficie de trabajo, así como el entorno laboral inmediato.

Renderizar
Proceso mediante el cual un sistema informático genera una imagen, animación o modelo final a partir de datos o estructuras tridimensionales mediante cálculos gráficos.

Riesgo laboral
Posibilidad de que un trabajador sufra un determinado daño derivado del trabajo. Para calificar un riesgo desde el punto de vista de su gravedad, se valorarán conjuntamente la probabilidad de que se produzca el daño y la severidad del mismo.

Trabajador
Cualquier persona que habitualmente y durante una parte relevante de su trabajo normal utilice un equipo con pantalla de visualización.

Bibliografía

Monografías

→ BAQUERO Serrano, C.: *Manual básico de prevención de riesgos laborales*. Madrid: Centro de Estudios Financieros, 2024.

> Obra de referencia que aborda los principios generales de seguridad, higiene y ergonomía laboral. Incluye ejemplos y normativa actualizada conforme a la legislación vigente.

→ BEAS Arco, J.: *Sistemas informáticos (contenido actualizado)*. Madrid: Síntesis, 2024.

> Introduce los fundamentos del *hardware, software* y redes, explicando el funcionamiento integral de los sistemas informáticos. Es un manual orientado a la formación profesional.

→ FERNÁNDEZ Collados, B.: *La prevención de riesgos laborales a propósito de la Estrategia de Seguridad y Salud Laboral 2023-2027*. Pamplona: Editorial Aranzadi, 2024.

> Analiza los objetivos y retos de la Estrategia Española de Seguridad y Salud en el Trabajo 2023-2027. Presenta propuestas de mejora y casos prácticos en entornos laborales actuales.

→ MARTOS Rubio, A.: *Introducción a la informática*. Edición 2024. Madrid: Anaya Multimedia, 2023.

> Explica los conceptos básicos de la informática, desde los componentes del ordenador hasta el uso de sistemas operativos y aplicaciones. Ideal para iniciarse en el entorno digital.

→ MUÑOZ López, F. J.: *Instalación y actualización de sistemas operativos*. Madrid: Paraninfo, 2024.

> Guía práctica que describe el proceso de instalación, configuración y mantenimiento de sistemas operativos. Incluye actividades adaptadas a la formación profesional.

→ OLIVA Haba, J. R.: *Montaje y mantenimiento de equipos*. Madrid: Paraninfo, 2023.

> Manual técnico sobre montaje, diagnóstico y reparación de equipos informáticos. Combina teoría y práctica con ilustraciones y procedimientos actualizados.

→ VV. AA.: *Sistemas informáticos*. Madrid: Ediciones Paraninfo, 2023.

> Desarrolla los principios del funcionamiento de los sistemas informáticos, incluyendo *hardware*, *software* y redes. Enfocado al aprendizaje progresivo en entornos académicos y profesionales.

Textos electrónicos

→ Arquitectura de computadores, de:
<https://www.it.uc3m.es/pbasanta/asng/MSA/M1/computer_architecture_es.pdf>.

> Recurso académico que explica la estructura y el funcionamiento de los sistemas informáticos. Incluye conceptos de arquitectura, componentes internos, organización del procesador y jerarquías de memoria.

→ Arquitecturas y tipos de sistemas operativos, de:
<https://es.scribd.com/document/491710942/Arquitecturas-y-Tipos-de-Sistemas-Operativos>.

> Aborda la clasificación y las características de los sistemas operativos. Explica su estructura, las funciones de gestión y los criterios de rendimiento y seguridad aplicables a distintos entornos informáticos.

→ Fundamentos de *hardware*, de:
<https://fpsuperiorufv.es/blog/fundamentos-de-hardware/>.

> Ofrece una visión general del *hardware* y su relación con el funcionamiento del sistema informático. Describe los principales componentes y su papel en el procesamiento de la información.

→ Mantenimiento de sistemas informáticos, de:
<https://www.educa2.madrid.org/web/antonio.melgarejo/mantenimiento-de-sistemas-informaticos>.

> Proporciona contenidos didácticos sobre mantenimiento, instalación y reparación de equipos informáticos. Aborda la detección de fallos, las buenas prácticas de mantenimiento y el uso seguro del material informático.

→ Partes del *hardware*, de: <https://fpsuperiorufv.es/blog/partes-del-hardware/>.

> Detalla los elementos físicos que componen un equipo informático, su función y su clasificación. Incluye imágenes explicativas y ejemplos de los componentes internos y periféricos.

→ *¿Qué es el mantenimiento preventivo?* De: <https://www.ibm.com/es-es/think/topics/what-is-preventive-maintenance>.

> Describe el concepto de mantenimiento preventivo y sus ventajas en la gestión de equipos. Expone métodos basados en tiempo, uso o condición, y su impacto en la reducción de fallos y prolongación de la vida útil.

→ Riesgos laborales en el sector de la informática, de: <https://euca.es/seguridad-trabajo/riesgos-laborales-en-sector-de-la-informatica/>.

> Expone los riesgos más comunes en el ámbito informático y las medidas de prevención adecuadas. Incluye aspectos relacionados con la postura, el ambiente térmico y la iluminación, fomentando la concienciación sobre la seguridad laboral.

→ Riesgos laborales en informática: cuáles son y cómo evitarlos, de: <https://www.unir.net/revista/ingenieria/riesgos-laborales-informatica/>.

> Analiza los principales riesgos asociados al trabajo con equipos informáticos, como la fatiga visual, el estrés o los trastornos musculoesqueléticos. Presenta recomendaciones ergonómicas y medidas organizativas para reducir su impacto.

→ Seguridad industrial y marcado CE de productos, de: <https://industria.gob.es/es-es/Servicios/calidad/Paginas/seguridad-industrial.aspx>.

> Proporciona información sobre la seguridad industrial y el proceso de marcado CE. Explica los requisitos técnicos, los procedimientos de evaluación y la normativa aplicable a equipos y componentes eléctricos.

→ Síntomas del síndrome de burnout: cómo identificarlo, de: <https://www.quironprevencion.com/blogs/es/prevenidos/sintomas-sindrome-burnout-identificarlo>.

> Analiza el síndrome de agotamiento profesional y sus efectos sobre la salud. Presenta señales de alerta, factores de riesgo y estrategias para su prevención en el entorno laboral.

→ Tipos de conectores USB: una guía completa, de: <https://ecoportatil.es/blog/tipos-de-conectores-usb-una-guia-completa.html>.

> Explica los diferentes tipos de conectores USB y su evolución tecnológica. Presenta sus usos, velocidades de transmisión y compatibilidades entre versiones, ofreciendo una visión práctica para el usuario.

→ Tipos de mantenimiento en informática, de:
<https://www.sistemas-catalunya.com/cuales-son-los-tipos-de-mantenimiento-en-informatica/>.

Describe los principales tipos de mantenimiento: preventivo, correctivo, predictivo y evolutivo. Explica su finalidad, los procedimientos asociados y su importancia para garantizar el funcionamiento estable del *hardware* y el *software*.

→ Tipos de teclado y sus características, de:
<https://www.info-computer.com/blog/cuales-son-los-tipos-de-teclado.html>.

Describe los distintos tipos de teclado utilizados en informática, sus formatos y funcionalidades. Incluye recomendaciones para elegir el más adecuado según el uso y la ergonomía.

→ Unidades de almacenamiento de datos, de:
<https://www.ionos.es/digitalguide/paginas-web/desarrollo-web/unidades-de-almacenamiento-de-datos/>.

Explica los diferentes tipos de unidades de almacenamiento, su capacidad, velocidad y tecnología. Analiza la evolución desde los discos duros tradicionales hasta los sistemas SSD y la nube.

Legislación

→ Ley 31/1995, de 8 de noviembre, de Prevención de Riesgos Laborales.

Establece el marco general para garantizar la seguridad y la salud de las personas trabajadoras en todos los sectores. Define los derechos, deberes y principios preventivos que deben aplicarse en el ámbito laboral.

→ Real Decreto 39/1997, de 17 de enero, por el que se aprueba el Reglamento de los Servicios de Prevención.

Desarrolla la organización y el funcionamiento de los servicios de prevención en las empresas. Regula la evaluación de riesgos, la planificación preventiva y la formación en materia de seguridad y salud.

→ Real Decreto 488/1997, de 14 de abril, sobre disposiciones mínimas de seguridad y salud relativas al trabajo con equipos que incluyen pantallas de visualización.

Fija las condiciones ergonómicas y técnicas para el uso de pantallas de visualización. Regula aspectos relacionados con el mobiliario, la postura, la iluminación y los descansos del personal usuario.